NICOLA NAPOLITANO

FINANZIARE L'AZIENDA

Come Trovare Denaro per Avviare o Ampliare la Tua Impresa

Titolo

"FINANZIARE L'AZIENDA"

Autore

Nicola Napolitano

Editore

Bruno Editore

Sito internet

www.brunoeditore.it

Sommario

Introduzione

Gentile lettore,
innanzitutto ti ringrazio per aver acquistato questo ebook, che ti sarà molto utile per avere subito una panoramica completa su come finanziare la tua azienda, da avviare o già avviata.

Per te che hai la responsabilità di gestire un'impresa, è d'obbligo conoscere tutti i sistemi per finanziarla; ma non solo. Infatti spesso le aziende entrano in situazioni patologiche che si traducono, purtroppo, in gravi rischi per la loro sopravvivenza, e che si possono concludere drammaticamente con il fallimento. Ma perché si arriva al fallimento? I motivi possono essere tanti, ma senz'altro è sempre presente una causa: carenza d'attenzione posta nella scelta e nel controllo delle forme più idonee di finanziamento.

Questo ebook darà risposte alle seguenti domande:

- Come determinare il fabbisogno finanziario dell'impresa?

- Cosa ritiene importante la banca per concedere un finanziamento?
- Come scegliere tra le forme di finanziamento a breve scadenza?
- Come scegliere tra le forme di finanziamento a media e lunga scadenza?
- Come scegliere tra le forme di finanziamento di capitale proprio?
- Come scegliere tra gli strumenti di finanza agevolata?
- Come individuare e tenere sotto controllo la struttura finanziaria ottimale dell'impresa?

Finanziare l'avvio di un'impresa, oppure finanziarne l'ampliamento, spesso viene preso alla leggera dall'imprenditore, che si affida a quello che gli consiglia la banca, l'amico imprenditore o l'intuito. Niente di più sbagliato!

La scelta della forma di finanziamento deve essere ragionata in base a cosa si va a finanziare. Ma già prima di tale scelta, è necessario simularne gli effetti finanziari sul bilancio dell'impresa. Inoltre, una volta stipulato il finanziamento, si deve effettuare un monitoraggio continuo e un controllo costante sulla struttura finanziaria della nostra azienda, verificandone l'equilibrio.

Sembrano argomenti da specialisti ma con questo ebook ti dimostrerò che i princìpi di base sono semplici. Ovviamente i risultati si possono ottenere solo se ci si mette impegno, determinazione, e se si fa ricorso alle strategie giuste spiegate in questo ebook.

Io dico sempre che "sapere è potere", cioè più si conosce ciò che vogliamo fare, e più probabilità si avranno di ottenere buoni risultati. Oggi non è più possibile gestire l'azienda con il solo intuito o l'istinto imprenditoriale. Serve anche impegno nella formazione e non lasciarsi scoraggiare dai primi insuccessi.

Per rendere ancora più comprensibili gli argomenti trattati, ho realizzato un apposito software che ti aiuterà a mettere in pratica quanto appreso nei vari capitoli; sarà utile utilizzarlo anche per la tua azienda. Il software non sarà altro che un tutor, che ti aiuterà in alcuni aspetti finanziari della vita dell'azienda.

A questo punto voglio parlarti brevemente di me. Esercito la professione di Dottore Commercialista dal 1985, e sono docente di Economia Aziendale dal 1987.

Nella mia lunga esperienza ho vissuto la nascita, l'esistenza e purtroppo anche la cessazione di molte aziende. Ho esperienza in campo fiscale, amministrativo e contabile. Mi sono occupato anche dello *start up* di nuove imprese, e dell'ampliamento di imprese in espansione, con la relativa ricerca delle forme di finanziamento più idonee, compresa la richiesta di agevolazioni a fondo perduto e a tasso agevolato, sia per mezzo di bandi regionali (P.O.R) con finanziamenti europei, sia per mezzo di leggi dello Stato (legge 488/92, legge 215 per l'imprenditoria femminile, ex legge 44 per l'imprenditoria giovanile, ex prestito d'onore, legge sull'autoimpiego ecc.). Ho esperienza peritale in contenzioso bancario, e sono curatore fallimentare in diverse procedure concorsuali. Inoltre, essendo docente di Economia aziendale, sono cultore della materia e collaboro con diversi siti internet sui quali pubblico software e corsi per il controllo e la gestione delle aziende.

Tornando ai contenuti di questo ebook, troverai innanzitutto un capitolo introduttivo (capitolo 1) che ti insegnerà a determinare il cosiddetto "fabbisogno finanziario", cioè di quanto ha bisogno l'azienda per avviare l'attività o per portare a termine un processo di espansione. In questo ti sarà d'aiuto anche il software abbinato all'ebook, che alla *funzione 1* calcola il fabbisogno finanziario di un'impresa in fase di avvio. Ti verrà fornita subito anche una mappa delle principali fonti a cui attingere per ottenere finanziamenti, che poi verrà trattata analiticamente nel prosieguo dell'ebook, e verrà subito accennato a come mantenere l'equilibrio tra le diverse fonti di finanziamento, senza che l'azienda vada in crisi finanziaria.

Prima di cominciare a trattare delle singole fonti di finanziamento, ho ritenuto opportuno, al capitolo 2, approfondire cosa la banca ritenga importante per concedere un finanziamento. Sapere come ragionano le banche che erogano finanziamenti alle imprese è importante, perché bisogna anticipare i loro rilievi quando presentiamo una domanda di mutuo o apertura di credito. Imparerai cosa sia il *rating*, come tenerlo sotto controllo, e quali siano le principali garanzie che potrebbero chiederci le banche.

Dal capitolo 3 cominceremo ad analizzare le singole fonti di finanziamento a breve scadenza, cioè con scadenza entro i 12 mesi, e al capitolo 4 quelli a media e lunga scadenza (oltre i 12 mesi). In particolare ti sarà di aiuto la *funzione 3* del software, indispensabile per calcolare il "tasso effettivo globale" che le banche possono applicare sui conti correnti affidati, cioè con fido concesso.

Molto utile anche la *funzione 4* del software, che simula la rata di un mutuo, dopo aver inserito il capitale richiesto, il tasso e la durata.

Al capitolo 5 tratteremo delle fonti di finanziamento di capitale proprio, cioè versate dall'imprenditore stesso, con un cenno ad alcune fonti innovative.

Il capitolo 6 è dedicato agli strumenti di finanza agevolata, cioè finanziamenti a fondo perduto e a tasso agevolato, ai quali l'imprenditore è molto interessato proprio perché consistono nella concessione di un aiuto finanziario da parte dello Stato. La normativa che si occupa di finanza agevolata è molto vasta, pertanto ho selezionato solo i principali strumenti legislativi ai quali il neo imprenditore, o l'imprenditore già titolare, può rivolgersi per ottenere finanziamenti. Molto utili i link che ho inserito nel testo, i quali portano direttamente alla pagina del sito che, oltre a spiegare dettagliatamente in cosa consiste l'aiuto finanziario, permette anche di compilare la domanda online e inviarla.

L'ultimo capitolo, il settimo, lo reputo molto importante, perché permette di imparare a tenere sotto controllo la struttura finanziaria dell'azienda, cosa fondamentale per la sopravvivenza dell'impresa stessa. Utilissima è la *funzione 2* del software che permette di valutare l'equilibrio finanziario dell'azienda, calcolarne i principali indicatori, e dare subito un primo giudizio.

A questo punto non mi resta che augurarti buona lettura.

GIORNO 1:
Come determinare il fabbisogno finanziario

Cosa vuol dire "fabbisogno finanziario"

L'azienda è organizzata per funzioni e una delle principali è la "funzione finanza", che si occupa della ricerca, acquisizione e utilizzo delle fonti di finanziamento che servono per lo svolgimento dell'attività aziendale.

Il direttore finanziario è il responsabile della funzione finanza; egli deve avere una visione globale delle necessità delle risorse aziendali, quindi non solo tenere sotto controllo il fabbisogno finanziario, ma anche occuparsi della scelta della fonte di finanziamento più conveniente e opportuna per le esigenze aziendali. È compito del direttore finanziario, o di chi comunque si occupi della funzione finanzia all'interno dell'impresa (senza escludere un intervento esterno di consulenti specializzati), individuare il fatidico "fabbisogno finanziario".

SEGRETO n. 1: il fabbisogno finanziario è l'importo totale occorrente all'azienda per avviare l'attività (e in questo caso si parla di "fabbisogno finanziario iniziale"), o per ampliare con nuovi investimenti un'attività già esistente.

Come determinare il fabbisogno finanziario lordo dell'impresa

Facciamo un esempio di calcolo del fabbisogno finanziario iniziale (da qui in avanti F.F.I.) di un'impresa che deve avviare un'attività di produzione e vendita di prodotti da pasticceria.

Investimenti destinati all'acquisto di beni strumentali (macchinari, attrezzature, impianti ecc.)	€ 100.000,00
IVA su acquisto beni strumentali	€ 20.000,00

Ovviamente il F.F.I. non è costituito solo dalle somme occorrenti per l'acquisto dei beni strumentali e della relativa I.V.A., in quanto occorre anche un capitale per far fronte alle spese di esercizio (acquisto di materie prime e merci, costi per la costituzione dell'azienda, spese generali ecc.). Dal *business plan* che sarà stato senz'altro compilato, si estraggono questi costi di gestione annui; il totale di tali costi va diviso per la durata del ciclo monetario in giorni. Il ciclo monetario non è altro che i giorni intercorrenti tra il pagamento dell'acquisto dei fattori produttivi (ad esempio merce e materie prime) e l'incasso della vendita dei prodotti. Ecco un esempio numerico:

Totale costi previsti (per acquisto di materie, merci, affitto, dipendenti, spese generali ecc.)	€ 200.000,00
Durata stimata del ciclo monetario: ___ giorni	90
Coefficiente di rotazione (cioè in 1 anno, quante volte si rinnova il ciclo monetario): 365/90	4
Fabbisogno finanziario per gli investimenti a breve ciclo di utilizzo: eu. 200.000/4	€ 50.000,00

Quindi a questo punto è possibile quantificare il F.F.I., considerando i dati delle due precedenti tabelle di esempio e ipotizzando un fabbisogno per esigenze di liquidità di euro 10.000,00:

Fabbisogno per investimenti in beni strumentali	€ 100.000,00
I.V.A. relativa all'acquisto dei beni strumentali	€ 20.000,00
Fabbisogno per investimenti in fattori a breve ciclo di utilizzo	€ 50.000,00
Fabbisogno per esigenze di liquidità	€ 10.000,00
Totale fabbisogno finanziario iniziale	**€ 180.000,00**

Quindi per avviare tale attività, bisogna avere una disponibilità di euro 180.000,00. Quanto detto fin'ora, riguarda le aziende che devono avviare la propria attività e che si trovano quindi in fase di *start up*.

Leggermente diverso è invece il calcolo del fabbisogno finanziario per quelle aziende che devono ampliare un'attività già esistente, ad esempio che devono acquistare nuovi macchinari per la produzione, un nuovo capannone, o devono fare nuovi investimenti per lanciare un nuovo prodotto. Infatti in questo caso bisogna basarsi sul *budget* degli investimenti. Il budget degli investimenti elenca i nuovi beni strumentali da acquistare, le loro caratteristiche tecniche e il prezzo, considerando anche eventuali beni strumentali già in possesso e che si vogliano cedere in permuta. Nel caso del calcolo del fabbisogno finanziario per l'ampliamento aziendale, esso è abbastanza agevole, in quanto basta sommare il costo dei nuovi investimenti (nuovi macchinari e impianti, nuovi automezzi, nuovo edificio o ampliamento di quello esistente, investimenti pubblicitari per il lancio di un nuovo prodotto ecc.), comprensivo dell'I.V.A., ed eventualmente considerare un fabbisogno per esigenze di liquidità. Ecco un esempio:

Nuovi macchinari da acquistare	€ 60.000,00
Nuovo furgone	€ 40.000,00
Investimenti pubblicitari per lancio nuovo prodotto	€ 10.000,00
I.V.A. sui nuovi investimenti	€ 22.000,00
Esigenze di liquidità	€ 5.000,00
Totale fabbisogno finanziario	**€ 137.000,00**

Per ampliare l'azienda, così come programmato, è necessario quindi disporre di euro 137.000,00.

Il fabbisogno finanziario (sia iniziale che quello per l'ampliamento) quindi non è altro che l'entità dei capitali occorrenti per attuare gli investimenti programmati.

Come determinare il "fabbisogno finanziario netto"

Il fabbisogno finanziario determinato, come illustrato negli esempi precedenti, lo possiamo definire "lordo". Infatti spesso parte del fabbisogno finanziario è coperto dall'imprenditore (o i soci in caso di società) con il proprio capitale personale o con denaro disponibile in azienda. La parte di fabbisogno finanziario non coperto da tale capitale, è il "fabbisogno finanziario netto". Volendo illustrare quanto detto con un esempio, avremo:

Fabbisogno finanziario (per avvio o ampliamento)	€ 250.000,00
Capitali disponibili in azienda	€ 50.000,00
Capitali conferiti dal titolare/soci	€ 50.000,00
Fabbisogno finanziario netto	**€ 150.000,00**

È proprio il "fabbisogno finanziario netto" l'importo che il direttore finanziario dell'azienda deve cercare all'esterno dell'azienda, presso terzi finanziatori.

La mappa delle fonti di finanziamento

Il passo successivo dopo aver determinato il fabbisogno finanziario è individuare le fonti di finanziamento.

Le Fonti di finanziamento in base alla loro natura e provenienza, le possiamo classificare in:

- fonti di capitale proprio;
- fonti di capitale di terzi.

Le fonti di capitale proprio sono quelle cui l'azienda può attingere al suo interno oppure mediante versamenti dei soci/titolare. Le fonti interne sono dette di autofinanziamento: trattasi di utili aziendali non prelevati e accantonati per esigenze future. Infatti spesso le aziende proprio in previsione di nuovi investimenti, adottano una politica di "autofinanziamento", cioè i soci non prelevano gli utili prodotti, ma li accantonano proprio per far fronte al futuro fabbisogno finanziario.

Inoltre i soci (o il titolare in caso di ditta individuale) possono effettuare dei versamenti sia a titolo di capitale, sia a titolo di prestito. Nel primo caso i soci/titolare non pretenderanno la restituzione del denaro messo in azienda; nel secondo caso effettuano un prestito alla società, che dovrà essere restituito agli stessi soci finanziatori.

Quindi, riepilogando, le fonti di "capitale proprio" sono le seguenti:

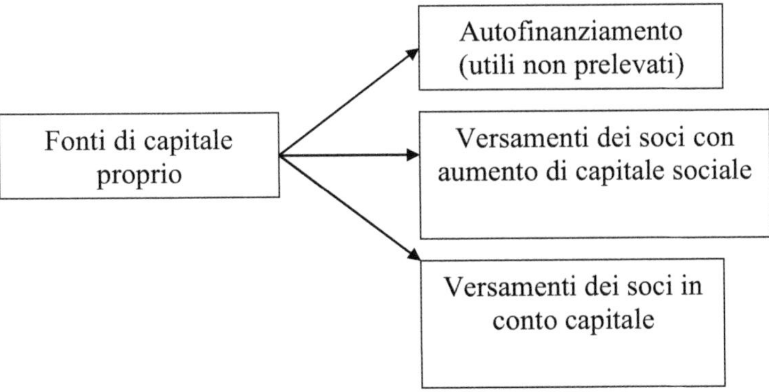

Passando invece a esaminare le fonti di capitale di terzi, esse sono rappresentate da contributi di soggetti finanziatori esterni all'azienda, e le possiamo così classificare:

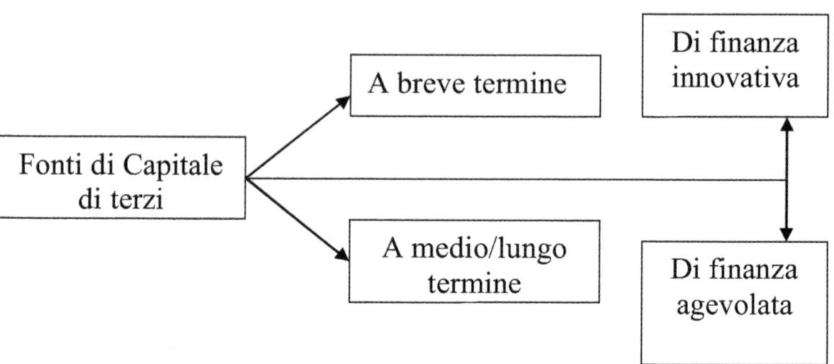

Trattasi ovviamente di fonti esterne che richiedono la restituzione del denaro prestato all'azienda che deve coprire il suo fabbisogno finanziario.

È proprio il tempo di restituzione che li distingue:

- le fonti di breve termine hanno una scadenza inferiore ai 12 mesi;
- le fonti di medio/lungo termine hanno una scadenza che va oltre i 12 mesi, e può arrivare anche a molti anni (come ad esempio i mutui);
- le fonti di finanza innovativa riguardano strumenti finanziari abbastanza complessi, non tradizionali, utilizzati soprattutto dalle medie e grandi imprese;

- le fonti di finanziamento agevolato, riguardano i contributi in conto interesse e in conto capitale erogati da apposite Leggi, dalle Regioni, dallo Stato e dall'Unione europea.

Ecco quindi, nella pagina seguente, la mappa completa delle fonti di finanziamento alle quali l'azienda può far ricorso, per coprire il proprio fabbisogno finanziario:

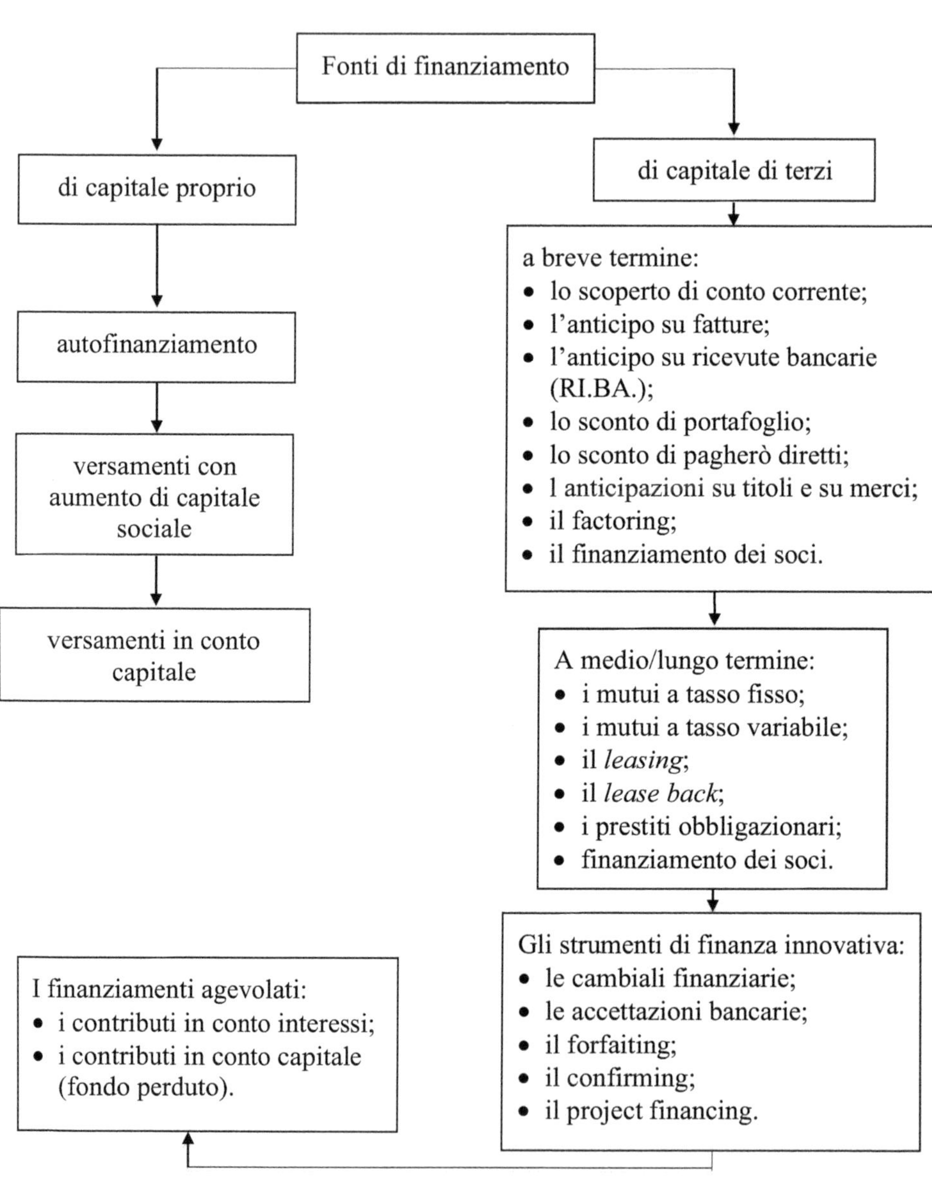
Fonti di finanziamento
di capitale proprio
autofinanziamento
versamenti con aumento di capitale sociale
versamenti in conto capitale
di capitale di terzi
a breve termine:
• lo scoperto di conto corrente;
• l'anticipo su fatture;
• l'anticipo su ricevute bancarie (RI.BA.);
• lo sconto di portafoglio;
• lo sconto di pagherò diretti;
• l anticipazioni su titoli e su merci;
• il factoring;
• il finanziamento dei soci.
A medio/lungo termine:
• i mutui a tasso fisso;
• i mutui a tasso variabile;
• il *leasing*;
• il *lease back*;
• i prestiti obbligazionari;
• finanziamento dei soci.
Gli strumenti di finanza innovativa:
• le cambiali finanziarie;
• le accettazioni bancarie;
• il forfaiting;
• il confirming;
• il project financing.
I finanziamenti agevolati:
• i contributi in conto interessi;
• i contributi in conto capitale (fondo perduto).

SEGRETO n. 2: possiamo definire le fonti di finanziamento come le risorse dalle quali attingere denaro per poter coprire il fabbisogno finanziario necessario all'avvio o all'ampliamento dell'impresa.

Come mantenere l'equilibrio tra le fonti di finanziamento

Il rapporto tra "capitale proprio" e "capitale di terzi" è un elemento fondamentale ai fini della stabilità strutturale dell'impresa. Ho visto aziende fallire proprio perché non avevano monitorato con attenzione tale rapporto, e non avevano fatto una adeguata correlazione temporale tra gli investimenti e i finanziamenti. Comunque avrò modo di approfondire questo discorso dopo la disamina di tutte le fonti di finanziamento.

Quindi ciò che occorre tenere sotto continuo controllo è:

- la giusta combinazione tra capitale proprio e capitale di terzi;
- la giusta correlazione temporale tra le fonti e gli investimenti.

La giusta combinazione tra capitale proprio versato dal titolare e il capitale di terzi (indebitamento) non la si può definire in modo assoluto. Ovviamente almeno il 25% deve essere finanziato con capitale proprio, e tanto esso è maggiore (e quindi meno debiti ci sono) più la struttura aziendale sarà solida. Voglio illustrare con un'immagine tale concetto:

Quindi su un fabbisogno finanziario totale ad esempio di euro 100.000, avere almeno euro 25.000 di capitale proprio e 75.000 di indebitamento può definirsi un rapporto ragionevole. Ma attenzione, ogni singolo caso va verificato direttamente, in quanto ogni azienda deve raggiungere un proprio equilibrio.

Ho fatto riferimento ad almeno il 25% di capitale proprio, in quanto spesso le leggi che concedono finanziamento agevolati richiedono proprio tale requisito.

È inutile precisare che un fabbisogno finanziario coperto interamente, o per la maggior parte, dal capitale proprio, sarebbe l'ideale.

Se sul totale prevalgono le fonti di capitale propri, l'azienda si definisce "ben capitalizzata". Se invece prevale l'indebitamento, l'azienda è definita "sottocapitalizzata". Ciò che secondo la mia esperienza bisogna evitare è l'eccessiva sottocapitalizzazione, cioè una situazione come illustrata di seguito:

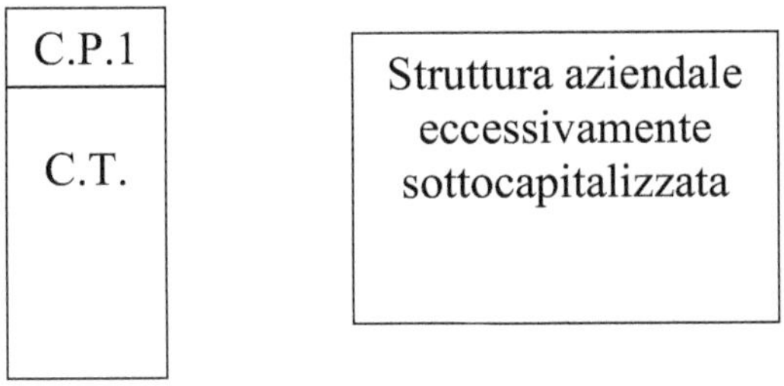

C.P.1
C.T.

Struttura aziendale eccessivamente sottocapitalizzata

C.P. = capitale proprio; C.T. = capitale di terzi (indebitamento)

Mentre è auspicabile una situazione come la seguente:

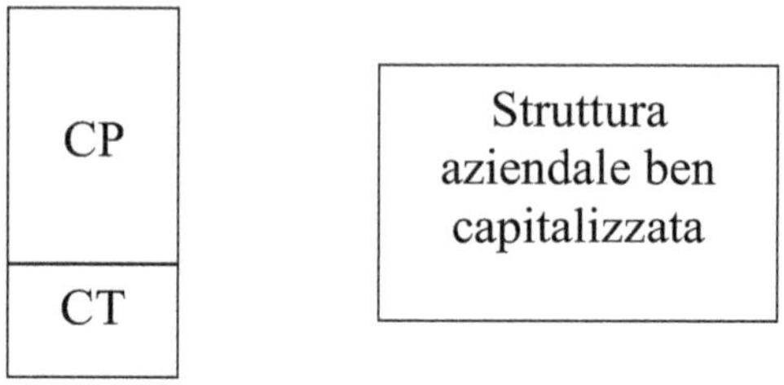

CP	Struttura aziendale ben capitalizzata
CT	

Con un buon sistema informativo interno (software gestionali) non è difficile verificare e soprattutto simulare, prima di indebitarsi, l'effetto sul rapporto tra le fonti di finanziamento.

SEGRETO n. 3: simulare il rapporto tra capitale proprio e indebitamento prima di scegliere le fonti di finanziamento e monitorare questo rapporto dopo averle scelte e acquisite, al fine di evitare un'eccessiva sottocapitalizzazione.

L'eccessiva sottocapitalizzazione è l'anticamera di un futuro dissesto finanziario, in quanto gli eccessivi interessi passivi che si pagheranno sui debiti danneggeranno anche l'aspetto economico della gestione e quindi l'utile, che potrebbe trasformarsi in perdita.

L'altro elemento da controllare, come ho già detto, è la giusta correlazione temporale tra le fonti di finanziamento e gli investimenti che si andranno a coprire. L'argomento sarà affrontato approfonditamente dopo la disamina delle fonti di finanziamento, ma ora è bene capire l'importanza di tale concetto.

Le fonti di finanziamento servono a coprire un certo fabbisogno finanziario che possiamo definire "impiego". Gli "impieghi" quindi sono gli investimenti della nostra azienda: macchinari, impianti, edifici, attrezzature, magazzino merci e prodotti, crediti, disponibilità liquide. Tutti gli impieghi devono essere finanziati. Per chiarezza classifichiamo così gli impieghi:

- **immobilizzazioni**: trattasi di impianti, macchinari, attrezzature, automezzi e di tutti quei beni che verranno utilizzati in azienda per molti anni;
- **attivo corrente**: trattasi di merci, crediti, depositi bancari e denaro liquido, che in genere hanno una breve vita, in quanto si trasformano subito in denaro (basti pensare alle merci che vengono vendute o ai crediti che dopo poco tempo si incassano diventando denaro contante).

Possiamo dire che il fabbisogno totale aziendale, è costituito proprio da *immobilizzazioni + attivo corrente.*

A questo punto è fondamentale scegliere le fonti di finanziamento che serviranno a coprire tale fabbisogno. La regola d'oro, che dovete avere sempre presente, è che:

- le immobilizzazioni devono essere finanziate con capitale proprio ed eventualmente, se esso è insufficiente, con debiti a medio-lungo termine (che scadono cioè oltre i 12 mesi);
- l'attivo corrente deve essere maggiore dei debiti a breve termine (con scadenza entro i 12 mesi).

Una rappresentazione grafica di questa regola, rende l'idea di quanto appena detto:

Struttura patrimoniale ben equilibrata

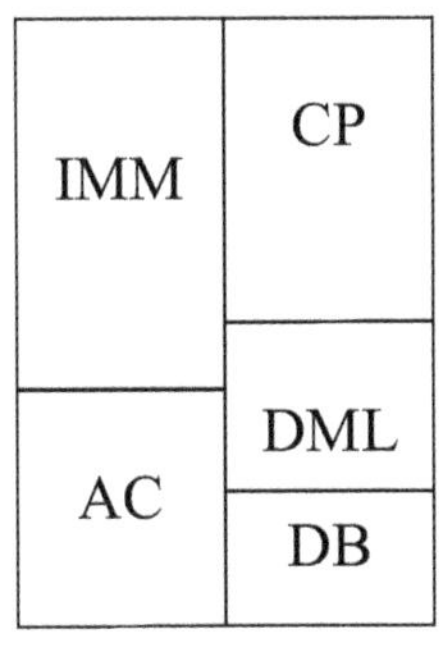

legenda:
IMM = immobilizzazioni
AC = attivo corrente
CP = capitale proprio
DML = debiti a medio-lungo termine
DB = debiti a breve termine

Come si vede chiaramente, il capitale proprio, insieme ai debiti a medio-lungo termine, ha finanziato le immobilizzazioni, mentre l'attivo corrente riesce a coprire interamente i debiti a breve termine. Il significato e il motivo di tale, necessaria, relazione tra impieghi e fonti verranno meglio approfonditi dopo la disanima delle fonti di finanziamento, anche con il calcolo degli opportuni indicatori matematici.

Per ora è fondamentale tenere presente questa regola d'oro illustrata.

SEGRETO n. 4: le immobilizzazioni devono essere finanziate con capitale proprio e, se questo è insufficiente, con l'indebitamento a medio-lungo termine.

SEGRETO n. 5: l'attivo corrente deve essere necessariamente di importo maggiore dei debiti a breve termine.

Non rispettare queste due regole fondamentali, per l'azienda vuol dire il sicuro dissesto finanziario.

Nella mia lunga esperienza professionale, ho visto molti imprenditori fare investimenti in immobilizzazioni (ad esempio l'acquisto di un macchinario o di un automezzo), utilizzando il fido bancario. Lo scoperto di conto corrente, come vedremo, è una fonte di breve termine, e non può finanziare un investimento di lungo termine. Dotatevi di un buon sistema informativo interno (software gestionale contabile), per tenere sempre sotto controllo la relazione tra attivo corrente e debiti a breve. Mai l'indebitamento a breve deve superare l'attivo corrente. Volendo fare un esempio numerico, la seguente situazione può essere deleteria per l'azienda:

Valore del magazzino merci	€ 80.000,00
Importo dei crediti verso i clienti	€ 60.000,00
Denaro disponibile in cassa e banca	€ 10.000,00
Totale attivo corrente	**€ 150.000,00**
Debiti a breve termine (scoperto di c/c, debiti verso i fornitori ecc.)	**€ 400.000,00**

Come si vede l'indebitamento a breve e più che doppio rispetto all'attivo corrente: questa è una situazione da evitare categoricamente e che va monitorata continuamente.

Tutte le fonti di finanziamento elencate verranno esaminate singolarmente nei successivi capitoli, evidenziandone i vantaggi, gli svantaggi, i costi e l'opportunità di scelta al fine di non compromettere l'equilibrio finanziario dell'impresa.

Alcuni sono strumenti finanziari abbastanza complessi e per i quali occorrerebbe dilungarsi molto. Cercherò invece di utilizzare un linguaggio semplice e chiaro, accompagnando il discorso con esempi numerici, grafici e tabelle. Inoltre il software abbinato al presente ebook, permette di affrontare, subito e operativamente, le simulazioni e i calcoli.

Questo importante discorso verrà ripreso e approfondito nell'ultimo capitolo, con particolare attenzione al calcolo di alcuni indicatori chiave, che danno subito l'idea dello stato di salute dell'azienda.

RIEPILOGO DEL GIORNO 1:

- SEGRETO n. 1: il fabbisogno finanziario è l'importo totale occorrente all'azienda per avviare l'attività (e in questo caso si parla di fabbisogno finanziario iniziale), o per ampliare con nuovi investimenti un'attività già esistente.
- SEGRETO n. 2: possiamo definire le fonti di finanziamento come le risorse dalle quali attingere denaro per poter coprire il fabbisogno finanziario necessario all'avvio o all'ampliamento dell'impresa.
- SEGRETO n. 3: simulare il rapporto tra capitale proprio e indebitamento, prima di scegliere le fonti di finanziamento, e monitorare, dopo averle scelte e acquisite, al fine di evitare un'eccessiva sottocapitalizzazione.
- SEGRETO n. 4: le immobilizzazioni devono essere finanziate con capitale proprio e, se questo è insufficiente, con l'indebitamento a medio-lungo termine.
- SEGRETO n. 5: l'attivo corrente deve essere necessariamente di importo maggiore dei debiti a breve termine.

GIORNO 2:
Cosa la banca ritiene importante per concedere un finanziamento

Come ragionano le banche quando chiediamo un fido

È innegabile che il ricorso al sistema bancario da parte delle imprese è inevitabile per la richiesta di finanziamenti, sia per avviare una nuova attività sia per ampliarne una già esistente.

La richiesta di un'apertura di credito da parte dell'impresa comporta l'approntamento di una corposa documentazione che la banca richiede, documentazione che poi viene attentamente valutata dall'ufficio fidi, il quale esprime un parere sulla capacità di credito dell'impresa stessa. Successivamente sarà l'organo deliberante della banca a fissare le condizioni (tasso, spese) e a erogare la somma richiesta.

Vediamo quindi le indagini che la banca compie, al fine di decidere se concedere o meno il finanziamento richiesto.

Innanzitutto tali indagini le possiamo classificare in:

- indagini esterne;
- indagini interne.

Le *indagini esterne* effettuate dalla banca hanno lo scopo di acquisire tutte quelle notizie che contribuiscano a formulare un'idea delle caratteristiche del soggetto richiedente e della sua moralità finanziaria. Così la banca fa un'indagine presso il Registro delle imprese (per verificare l'esistenza, l'operatività e l'anzianità dell'azienda), presso il Registro dei protesti (per verificare se ci siano stati protesti cambiari o di assegni), presso gli uffici catastali e ipotecari (per verificare le proprietà immobiliari e le eventuali ipoteche già concesse), presso la Centrale rischi (per verificare l'esistenza di altri fidi concessi da altre banche), presso clienti e fornitori dell'impresa richiedente (per avere un parere sulla moralità e puntualità dell'azienda).

Invece le *indagini interne* vengono effettuate sulle basi della documentazione fornita alla banca direttamente dall'azienda cliente.

Così le indagini interne saranno:

- indagini interne quantitative;
- indagini interne qualitative.

La banca effettua le indagini interne quantitative basandosi sugli ultimi tre bilanci forniti dall'impresa e su budget programmatici in genere per i 3/5 anni successivi. Con i bilanci storici (in genere degli ultimi 3 anni) la banca effettua analisi approfondite per indici e per flussi. Tali analisi hanno il fine di evidenziare la situazione patrimoniale, finanziaria ed economica dell'impresa; in poche parole il suo stato di salute. Si tratta di tecniche alquanto complesse che la banca effettua con software sofisticati.

Per mezzo dei budget previsionali, invece, la banca si rende conto dei futuri programmi di sviluppo dell'impresa, programmi che dovranno essere ampiamente motivati nel *business plan* di cui si parlerà tra un po'.

Oltre a queste notizie di carattere quantitativo, la banca acquisisce notizie di tipo qualitativo, richiedendo all'azienda anche un dettagliato *business plan*. Questo documento è fondamentale per l'avvio di una nuova attività (ma ugualmente indispensabile in caso di ampliamento di un'attività già esistente) a motivo del quale si chiede il finanziamento bancario.

Nel *business plan* va descritta l'eventuale idea imprenditoriale o la storia dell'azienda, la compagine sociale, una dettagliata analisi di mercato, il proprio mercato di riferimento, l'analisi della concorrenza, le strategie di marketing (strategie di prodotto, di prezzo, di promozione e di distribuzione). Sostanzialmente dal *business plan* la banca deve essere in grado di acquisire tutte le notizie che poi utilizzerà per l'eventuale erogazione del finanziamento.

Per le aziende già avviate, la banca richiederà anche notizie relative all'organizzazione interna (esperienza del management, utilizzo del controllo di gestione, organigramma ecc.) e ai rapporti con altre banche (grado di utilizzo dei fidi, frequenza degli sconfinamenti, frequenza insoluti su portafoglio sconti ecc.). Queste notizie di tipo qualitativo, contribuiranno a determinare il *rating* (affidabilità creditizia) dell'azienda. Del *rating* parleremo successivamente.

Sempre in merito alle indagini interne, che la banca effettua per decidere se concedere o meno il finanziamento, viene richiesto anche l'atto costitutivo con lo statuto, e non da ultimo, il direttore della banca, o un funzionario incaricato, può far visita all'azienda per rendersi conto di persona dell'organizzazione e dell'esistenza dell'azienda stessa.

Illustro e riepilogo in uno schema (nella pagina seguente) le indagini che la banca effettua per la concessione di un fido.

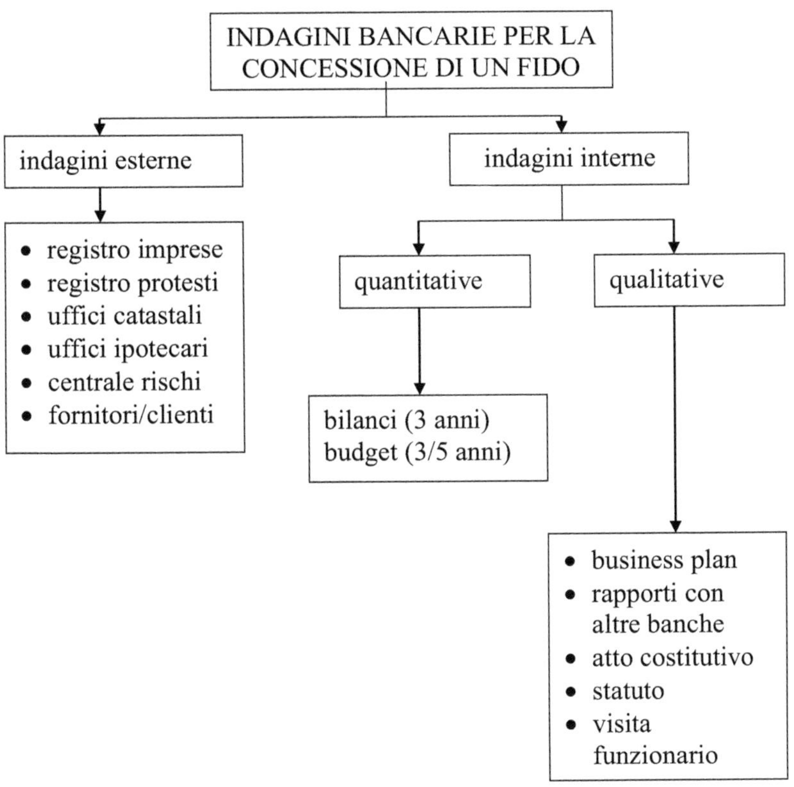

Dopo aver acquisito tutta la documentazione e le notizie necessarie, sarà l'ufficio fidi della banca a occuparsi della loro analisi e valutazione.

Il risultato dell'indagine istruttoria sarà il *rating* che possiamo considerare come un punteggio che la banca attribuisce all'azienda, punteggio che esprime il merito creditizio, ovvero la capacità di rimborsare la somma richiesta.

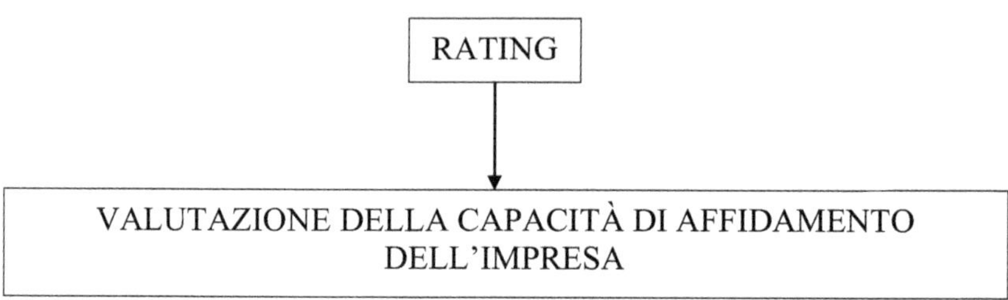

SEGRETO n. 6: il rating è la valutazione della capacità di affidamento dell'impresa che influisce direttamente sulle condizioni applicate dalla banca.

Le banche sono tenute all'attribuzione di un *rating*, in conseguenza dell'accordo *Basilea 2* intervenuto tra le banche europee nel 2001 appunto a Basilea.

Con tale accordo, le banche dei paesi aderenti si sono impegnate ad accantonare quote di capitale proporzionali al rischio derivante dai vari rapporti di credito assunti. Di conseguenza, un maggior rischio assunto (ad esempio con un'azienda con bassa capacità di credito) comporta un maggior accantonamento di capitale da parte della banca, e quindi maggiori costi per essa. Per bilanciarli la banca applicherà tassi di interesse meno favorevoli per l'azienda.

SEGRETO n. 7: migliore è la situazione patrimoniale, finanziaria ed economica dell'impresa, migliore sarà il rating e migliori saranno le condizioni applicate (tassi più favorevoli).

Il *rating* attribuito dalla banca all'azienda che richiede un fido viene determinato, ovviamente, sia dalle indagini di tipo quantitativo, che da quelle di tipo qualitativo. Possiamo dire che mediamente il 70% del *rating* viene influenzato dai dati quantitativi e il 30% da quelli qualitativi.

Per questo va posta la massima attenzione alla documentazione che forniamo alla banca, in quanto da essa verranno estratte le notizie che influenzeranno direttamente il *rating* e di conseguenza le condizioni di tasso.

Le aziende di grandi dimensioni in genere si fanno attribuire il *rating* da agenzie specializzate e appositamente autorizzate dalle autorità competenti. Esempi di tali agenzie sono Standard & Poor's, Moody's. Il *rating* viene rappresentato in una scala che va dalla tripla A (AAA) alla D (default). Invece per la stragrande maggioranza delle medie e piccole imprese, è la banca stessa che procede a calcolare un *rating* interno, secondo modalità approvate dalle autorità competenti. Il *rating* può essere rappresentato con un punteggio numerico o anche con segnalatore semaforico (verde = azienda meritevole, giallo = azienda con situazione da controllare, rosso = azienda in stato di crisi). Quindi:

quanto maggiore è la trasparenza e l'attendibilità delle informazioni fornite alla banca

↓

minore sarà il rischio per la banca

↓

migliore sarà la classe di rischio attribuita all'azienda (*rating*)

↓

migliori saranno le condizioni di concessione del credito

Come procedere all'autovalutazione dell'azienda

Da quanto detto, scaturisce l'osservazione, fondamentale per l'azienda che si reca in banca per chiedere un fido, che non bisogna subire il *rating*, ma in un certo senso sia necessario tenerlo sotto controllo.

Non bisogna cioè aspettare che la banca ci comunichi che il nostro *rating* è molto sfavorevole e che di conseguenza non ci concederà il prestito richiesto. Dobbiamo essere noi all'interno dell'azienda a effettuare una sorta di autovalutazione e autodeterminazione del *rating*, per anticipare la banca. Ma non solo questo. È necessario effettuare, durante l'anno, un continuo monitoraggio per tenere sotto controllo lo stato di salute dell'azienda, e controllare il *rating*. Autovalutazione e monitoraggio: sono queste le due azioni da intraprendere se vogliamo ottenere un buon *rating* e di conseguenza un buon merito creditizio con buoni tassi.

SEGRETO n. 8: autovalutazione e monitoraggio: sono i percorsi da intraprendere per ottenere un buon rating e quindi un buon merito creditizio.

L'autovalutazione consiste in un'approfondita analisi dei bilanci di almeno gli ultimi tre esercizi, mediante la tecnica degli indici e dei flussi, mentre il monitoraggio consiste nell'attuare le più appropriate politiche di bilancio al fine di intervenire e migliorare il proprio *rating*. L'autovalutazione viene effettuata su dati storici e immodificabili (ultimi 3 bilanci); il monitoraggio è un'attività da svolgere *in itinere* durante l'esercizio, proprio per ottenere bilanci più adeguati e meritevoli di un buon *rating*. Gli interventi sul bilancio a cui si fa riferimento, e di cui parleremo in seguito, sono estremamente leciti e auspicabili per ogni azienda, in quanto indirettamente hanno un effetto positivo sulla gestione tutta dell'azienda.

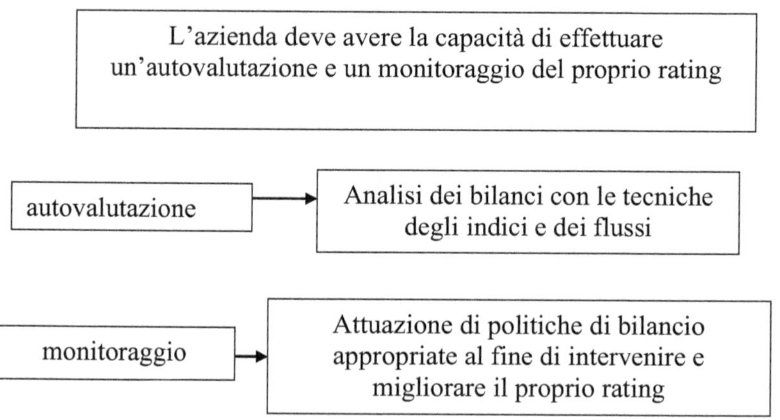

La tabella riepiloga questi concetti fondamentali, che saranno oggetto di analisi approfondita. Incominciamo a considerare ora il discorso sull'autovalutazione, mentre il monitoraggio sarà oggetto del prossimo paragrafo.

Come già detto, l'autovalutazione consiste in un'approfondita analisi di bilancio. L'analisi di bilancio è un argomento abbastanza complesso che richiederebbe un ebook a parte. Qui voglio solo accennare alla problematica dell'analisi di bilancio, soffermandomi soprattutto su quello che la banca controlla subito.

Come sanno i responsabili amministrativi delle aziende e i loro commercialisti, il bilancio è un obbligo di legge previsto dal Codice Civile, il quale stabilisce anche gli schemi obbligatori da adottare. Il bilancio è composto da:

- stato patrimoniale;
- conto economico;
- nota integrativa.

Gli schemi di bilancio imposti dal Codice Civile, non sono adatti per un'analisi appropriata, di conseguenza è necessario procedere a una riclassificazione di tali schemi, al fine di predisporre il bilancio all'analisi con la tecnica degli indici. Le tecniche per l'analisi di bilancio, quindi, sono:

- analisi per indici;
- analisi per flussi.

Con la tecnica degli indici si determinano dei rapporti o delle differenze tra le voci di bilancio; con la tecnica dei flussi si determinano i flussi finanziari di cassa che sono intervenuti durante l'esercizio.

Così i passi da compiere, partendo dagli schemi civilistici di bilancio, sono i seguenti:

1) riclassificazione dello stato patrimoniale;
2) riclassificazione del conto economico;
3) determinazione degli indici di bilancio;
4) interpretazione degli indici;
5) elaborazione del rendiconto finanziario (flussi);
6) autodeterminazione del *rating*.

Con i software oggi a disposizione, acquistabili anche online, è possibile ottenere una completa analisi di bilancio in poco tempo.

Ma poniamoci ora una domanda: cosa è importante per la banca? Posso tranquillamente elencare i punti focali a cui quest'ultima fa riferimento per attribuire un buon *rating* all'azienda. Per la banca è importante:

- una struttura finanziaria equilibrata;
- una struttura patrimoniale ben capitalizzata;
- un risultato economico e un margine operativo lordo positivi;
- indici di bilancio favorevoli;
- un rendiconto finanziario con flussi di cassa positivi.

Esaminiamoli brevemente uno per uno.

Struttura equilibrata

Le immobilizzazioni devono essere finanziate interamente dal capitale proprio ed eventualmente dai debiti a medio/lungo termine; l'attivo circolante deve essere maggiore dei debiti a breve termine. Questa è la regola d'oro di cui abbiamo già parlato nel capitolo 1 (segreto n. 4 e segreto n. 5).

Ripropongo lo schema di una buona struttura patrimoniale e finanziari.

Struttura patrimoniale ben equilibrata

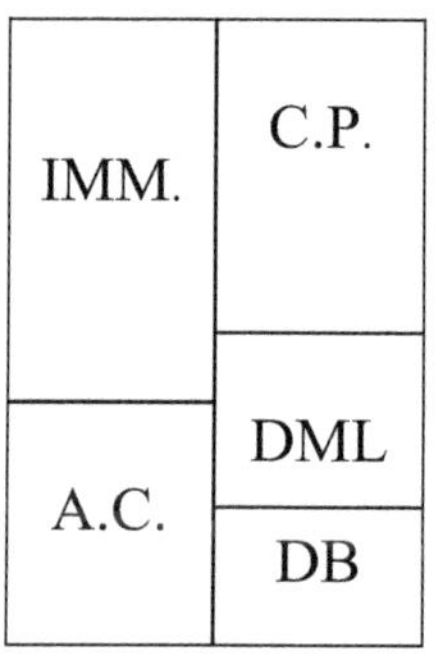

Legenda:
IMM = Immobilizzazioni
AC = Attivo corrente
CP = Capitale proprio
DML = Debiti a medio-lungo termine
DB = Debiti a breve termine

Struttura patrimoniale capitalizzata

Anche di questo ho già trattato, in occasione dell'equilibrio da mantenere tra le fonti di capitale proprio e di terzi. Avere una struttura patrimoniale capitalizzata vuol dire non essere eccessivamente già indebitati e avere un buon margine di capitale proprio. Anche qui ripropongo il grafico che chiarisce visivamente il concetto:

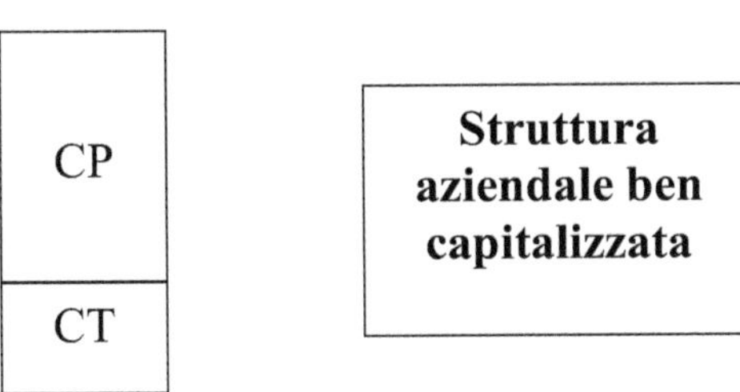

Si potrebbe obiettare che un'azienda sana non ha bisogno di finanziamenti. Ma se l'azienda ha progetti di espansione, i capitali posseduti potrebbero non essere sufficienti. Inoltre purtroppo la realtà è che le banche non danno il loro denaro ad aziende con un irrisorio capitale proprio e con già tanti debiti.

Risultato economico e margine operativo lordo positivi

Questi sono due indicatori della salute economica dell'impresa, e si ricavano effettuando una riclassificazione del conto economico di bilancio secondo la configurazione a valore aggiunto. Così i due indicatori si determinano in questo modo, partendo dai dati del conto economico civilistico:

CONTO ECONOMICO

A) valore della produzione	€ 700.000,00
B) costi della produzione (esclusi gli ammortamenti)	€ 500.000,00
Margine operativo lordo – MOL (differenza A)-B))	€ 200.000,00

L'utile netto è quello che scaturisce dal conto economico (ultimo rigo del conto economico). L'ideale è avere sia il MOL che l'utile netto entrambi positivi. Il MOL indica il margine sulle vendite, cioè è l'utile (o la perdita) che deriva dal confronto tra le vendite e i costi di gestione e di acquisto delle merci, senza quindi considerare ammortamenti, interessi passivi e componenti straordinari di reddito. Il MOL dà subito l'idea se l'attività tipica dell'azienda produca un margine positivo o negativo. Può verificarsi comunque che, ad esempio a causa di eccessivi interessi passivi, si abbia una perdita netta di esercizio. Ma la banca tiene anche conto del MOL, che, ripeto, indica la capacità dell'azienda di produrre un margine positivo con la sua attività caratteristica di esercizio.

Indici di bilancio favorevoli

Abbiamo già accennato alla tecnica degli indici, attraverso la quale la banca calcola una serie di rapporti tra diverse voci del bilancio; indici che indicano molto chiaramente lo stato di salute dell'azienda. Come già ho avuto modo di dire, approfondire le tecniche di analisi di bilancio richiederebbe una trattazione a parte. Quello che qui interessa è avere un'idea di quali siano gli indici importanti per l'azienda e per la banca che deve concedere il finanziamento. Espongo gli indici più significativi nella tabella che segue, precisando che quelli che in effetti possono essere calcolati sono molti di più.

INDICE	FORMULA	SIGNIFICATO
ROE	reddito netto/capitale proprio	indica la redditività del capitale proprio investito in azienda
ROI	reddito operativo/totale attività	indica la redditività di tutto il capitale investito in azienda
ROS	reddito operativo/vendite	indica la redditività delle vendite
Autonomia finanziaria	capitale proprio/totale passività	indica quanta parte del capitale investito proviene dal capitale proprio
Grado di indebitamento	debiti a breve/totale passività	indica il peso dell'indebitamento scadente a breve termine
Liquidità	attivo circolante/debiti a breve	indica la capacità dell'impresa di far fronte agli impegni a breve.

Rendiconto finanziario con flussi di cassa positivi

L'ultimo elemento che la banca ritiene importante al fine di avere una panoramica completa sullo stato di salute dell'azienda è il rendiconto finanziario. Questo è un documento contabile, non obbligatorio, che in genere le aziende non compilano, proprio per la sua non obbligatorietà. Invece il rendiconto finanziario mette in evidenza importantissime informazioni sulla dinamica dei flussi di cassa intervenuti in un dato esercizio. Indubbiamente il rendiconto finanziario è abbastanza complesso da elaborare, ma con i software a disposizione il compito non è poi così arduo.

Non è questa la sede per approfondire contenuti e capacità informativa del rendiconto finanziario. L'importante è sapere che sempre più spesso le banche lo richiedono e che l'azienda, in fase di autovalutazione, deve elaborarlo e interpretarlo correttamente, prima di consegnarlo all'ufficio fidi della banca.

A questo punto possiamo ricavare il:

SEGRETO n. 9: dall'autovalutazione devono risultare: una struttura finanziaria equilibrata, una buona capitalizzazione, un risultato economico e un MOL positivi, dei buoni indici e dei flussi di cassa positivi.

Come costruirsi un buon rating per ottenere le migliori condizioni di credito

Nel paragrafo precedente abbiamo affrontato la problematica dell'autovalutazione. Cioè l'azienda deve essere in grado di autovalutarsi per attribuirsi un *rating* ipotetico; in questo modo non andrà incontro a sorprese o a rifiuti imbarazzanti da parte della banca.

Ovviamente l'autovalutazione deve essere effettuata da personale interno o consulenti esterni che abbiano dimestichezza con la materia contabile e che ne sappiano interpretare correttamente i risultati e quindi sappiano dare i giusti consigli al titolare o ai soci dell'azienda.

Ma il problema principale è che l'autovalutazione viene effettuata su bilanci storici e quindi su situazioni non più modificabili.

Abbiamo già detto che il *rating* non lo dobbiamo subire, ma dobbiamo pilotarlo con opportune politiche di bilancio durante l'esercizio, con effetti positivi anche sulla gestione dell'impresa.

Pilotare il *rating* non vuol dire fare qualcosa di illegale, anzi, al contrario, significa adottare politiche di bilancio migliorative della gestione. Così tutta la struttura aziendale ne trarrà beneficio.

Possiamo così schematizzare gli interventi di bilancio per migliorare il *rating*:

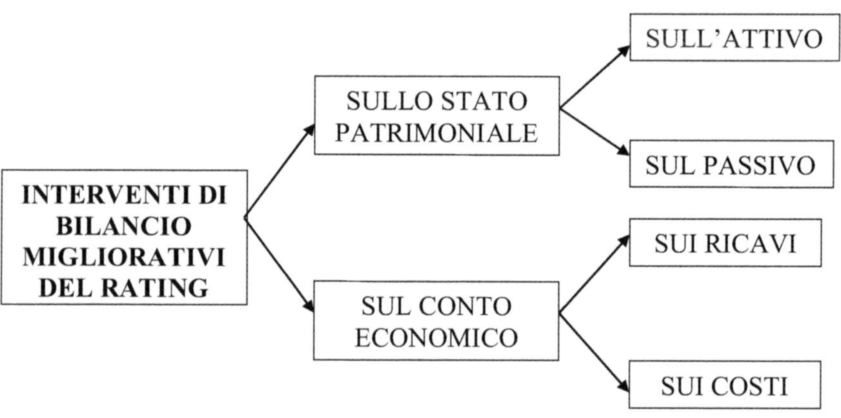

Cominciando dagli interventi sull'attivo dello stato patrimoniale, considerato che gli elementi dello stesso attivo sono immobilizzazioni, rimanenze e crediti, vediamo come possiamo agire su di essi per migliorare il *rating* e quindi ottenere le migliori condizioni dalla banca.

Per le immobilizzazioni

Iscrizione in bilancio non del "costo storico", ma del valore rivalutato o "fair value" principio IAS 16 (International Accounting Standards – principi contabili internazionali), con inserimento nel passivo di una riserva indisponibile, allo scopo di dare un valore più realistico al patrimonio aziendale.

Per le rimanenze

Miglioramento della gestione delle scorte di magazzino, allo scopo di ridurne il livello e liberare così risorse finanziarie diminuendo il capitale immobilizzato. Eliminazione o riduzione delle scorte dei prodotti a lenta rotazione.

Per i crediti

Migliorare e monitorare la gestione dei crediti, controllare il livello di rischio dei clienti stabilendo dei fidi, far ricorso a eventuali forme di smobilizzo (anticipo su fatture, *factoring*).

Invece riguardo agli interventi effettuabili sulle voci del passivo dello stato patrimoniale, e considerato che le macro voci del passivo sono capitale proprio, debiti a medio-lungo termine e debiti a breve termine, gli interventi possibili per migliorare il *rating* sono:

Per il capitale proprio

Aumenti del capitale sociale mediante versamenti dei soci o del titolare o capitalizzazione di riserve; politica di accantonamento di utili a riserve (autofinanziamento).

Per i debiti a medio-lungo termine

Consolidamento dei debiti: migliorare la qualità dei debiti, ricorrendo eventualmente all'incremento dei debiti a medio-lungo (mutui) per coprire l'eccesso di debiti a breve (scoperti di c/c e debiti verso fornitori).

Per i debiti a breve termine

Debiti v/fornitori: monitorare le condizioni di pagamento ottenute. Banche c/c passivi: monitorare il livello di utilizzo degli affidamenti e controllare i costi bancari. In caso di eccessivo livello di tali debiti, ricorrere al consolidamento. Per quanto riguarda gli interventi migliorativi del *rating* da effettuare sul conto economico, quindi sia sui costi che sui ricavi.

Interventi sui ricavi

Intervenire sul livello dei ricavi vuol dire intervenire direttamente sull'entità delle vendite. È interesse di ogni azienda avere un fatturato con un trend crescente nel tempo, molto spesso, però, le condizioni del mercato e della domanda frenano le vendite, con conseguenze negative per l'impresa.

Aumentare le vendite ha come effetto un utile d'esercizio più elevato, con influenza diretta su diversi indici di bilancio, e di conseguenza un miglior *rating* attribuito dalle banche.

Come può intervenire la direzione aziendale per spingere in alto i ricavi? La risposta la può dare solo una ben pianificata e oculata politica di marketing.

Dopo un'attenta analisi dell'ambiente esterno e del proprio mercato di riferimento, l'azienda deve focalizzare i propri punti di forza e di debolezza e fare un'analisi accurata della concorrenza.

Successivamente, una volta individuato e definito il proprio target di clientela e aver fissato gli obiettivi aziendali che si vogliono raggiungere, si ricorre alle strategie di *marketing mix*. Le leve strategiche di marketing per incrementare le vendite sono:

- il prodotto;
- il prezzo;
- la promozione;
- i canali di distribuzione.

Interventi sui costi

Gli interventi attuabili sui costi del conto economico sono interventi di contenimento e riduzione. Si tratta di fare un lavoro di scandaglio delle singole voci di costo di gestione, e di intervenire con tagli e riduzioni ove possibile. Ovviamente ciò comporta un monitoraggio continuo delle singole voci di costo durante l'anno, e quindi di fare in modo di non "subire" i costi ma di "controllarli".

La riduzione di costi comporta un aumento del reddito operativo, che incide positivamente sugli indici di redditività, e un aumento dell'utile netto.

SEGRETO n. 10: il rating non bisogna subirlo ma monitorarlo con opportune politiche di bilancio da attuare durante l'esercizio. Bisogna intervenire sia sull'attivo che sul passivo dello stato patrimoniale, sia sui ricavi che sui costi del conto economico.

Quali garanzie richiede la banca

Un ultimo paragrafo voglio dedicarlo al discorso delle garanzie richieste dalla banca. Per essere meritevoli di credito, infatti, la banca richiede oltre che una buona situazione economica, patrimoniale e finanziaria anche garanzie in caso di mancata restituzione della somma finanziata.

Ecco uno schema delle principali garanzie che la banca può richiedere:

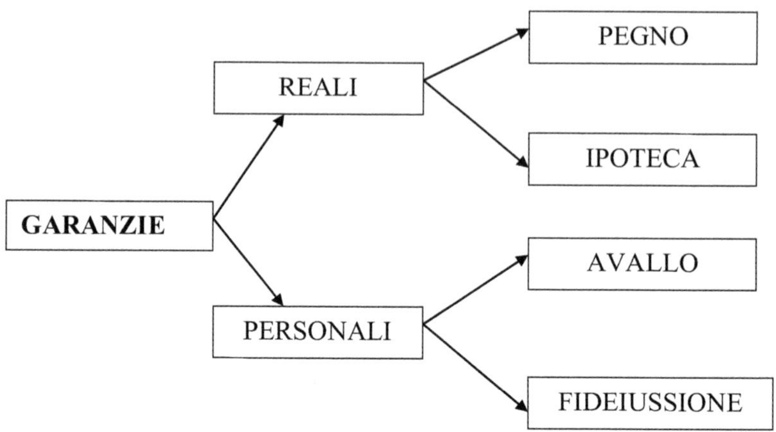

Generalmente le garanzie reali vengono richieste per prestiti di ridotta entità. Mentre è richiesta la garanzia ipotecaria per l'erogazione di mutui per l'acquisto di immobili o per finanziamenti rilevanti.

Non da ultima va ricordata una nuova forma di garanzia, quella dei confidi. I confidi sono dei consorzi di fidi, ai quali l'azienda può consorziarsi acquistando le quote e avvantaggiarsi così della garanzia del consorzio, evitando di esporsi direttamente con i propri beni.

I cofidi, o confidi, sono dislocati un po' su tutto il territorio nazionale, e in genere sono regionali, oppure sono costituiti direttamente da associazioni di categoria, come la Confcommercio, Confartigianato ecc.

Ai cofidi possono accedere tutte le imprese, rivolgendosi ai consorzi della propria regione, o a quelli della categoria di appartenenza. Con una semplice ricerca in internet, è possibile accedere ai siti e quindi ai servizi dei cofidi.

RIEPILOGO DEL GIORNO 2:

- SEGRETO n. 6: il *rating* è la valutazione della capacità di affidamento dell'impresa che influisce direttamente sulle condizioni applicate dalla banca.
- SEGRETO n. 7: migliore è la situazione patrimoniale, finanziaria ed economica dell'impresa, migliore sarà il *rating* e migliori saranno le condizioni applicate (tassi più favorevoli).
- SEGRETO n. 8: autovalutazione e monitoraggio: sono i percorsi da intraprendere per ottenere un buon *rating* e quindi un buon merito creditizio.
- SEGRETO n. 9: dall'autovalutazione devono risultare: una struttura finanziaria equilibrata, una buona capitalizzazione, un risultato economico e un MOL positivi, dei buoni indici e dei flussi di cassa positivi.
- SEGRETO n. 10: il *rating* non bisogna subirlo ma monitorarlo con opportune politiche di bilancio da attuare durante l'esercizio. Bisogna intervenire sia sull'attivo che sul passivo dello stato patrimoniale, sia sui ricavi che sui costi del conto economico.

GIORNO 3:
Come scegliere tra le fonti di finanziamento a breve termine

Veniamo ora ad analizzare le singole fonti di finanziamento a breve termine, cioè con scadenza entro 12 mesi, alle quali l'impresa può fare ricorso per coprire il suo fabbisogno finanziario, iniziale o per ampliamento che sia. Ovviamente anticipo già che le fonti a breve vanno usate con parsimonia e continuamente monitorate, per evitare che l'azienda cada in una situazione di squilibrio finanziario, situazione che può essere monitorata con appositi indicatori, di cui parlerò diffusamente nel capitolo 7.

Per ognuna delle forme tecniche di finanziamento, dopo un breve accenno sugli aspetti giuridici, mi soffermerò soprattutto sugli aspetti tecnico-operativi, evidenziando ciò che è importante controllare per monitorare il costo e il tasso effettivo di tali operazioni.

Iniziamo con uno schema che riepiloga le fonti di finanziamento a breve che tratterò in questo capitolo.

Lo scoperto di conto corrente

Lo scoperto di c/c è il principale strumento di utilizzo da parte delle imprese, direi utilizzo quotidiano, anche per mezzo di più banche. Non starò qui a definire lo scoperto di conto corrente, in quanto gli imprenditori sanno fin troppo bene di cosa si tratta. Mi limiterò a precisare che rientra tra le aperture di credito per cassa che la banca concede, a seguito di un'approfondita istruttoria per la concessione del fido.

La caratteristica del conto corrente di corrispondenza è che in esso si concentrano diversi rapporti giuridici che intervengono tra la banca e l'impresa. Tramite il conto corrente viene concesso ad esempio lo sconto di portafoglio, o l'anticipo su fatture, il servizio incassi e pagamento, e così via, cioè tutte operazioni che sono dei contratti autonomi tra banca e impresa. Quindi controllare le operazioni effettuate e registrate sul conto corrente è una buona abitudine, non fosse altro per far presente alla banca quando essa eccede con le commissioni o con i giorni di valuta.

Trimestralmente la documentazione che la banca invia all'impresa è costituita da:

- estratto conto;
- scalare interessi;
- prospetto competenze e spese.

Generalmente l'attenzione dell'imprenditore si concentra sull'estratto conto, che riporta l'elenco delle operazioni contabilizzate. Questo tipo di controllo è nettamente insufficiente, in quanto è necessario controllare e capire lo scalare interessi e il prospetto competenze e spese. Ripeto che tale controllo può evidenziare comportamenti scorrenti da parte della banca, che vanno urgentemente segnalati in modo da, eventualmente, richiederle un rimborso. Al termine della lettura di questo paragrafo sarete in grado di individuare e controllare i punti deboli del vostro conto corrente bancario.

SEGRETO n. 11: non è sufficiente soffermarsi al controllo del solo estratto conto; ma vanno analizzati e interpretati anche lo scalare interessi e il prospetto competenze e spese.

L'estratto conto

In questo documento vengono elencate e annotate dalla banca tutte le operazioni che hanno movimentato il conto corrente, evidenziando, oltre alla data dell'operazione, anche le date di valuta.

La valuta è il giorno dal quale iniziano a decorrere gli interessi. Quindi se emettiamo un assegno il 15 maggio che viene presentato alla nostra banca per l'incasso il 20 maggio, l'addebito sul c/c avviene il giorno dell'emissione (il 15 maggio) e da tale data la banca conteggerà gli interessi debitori. Se invece versiamo un assegno ad esempio fuori piazza, la valuta verrà posticipata da 3 a 10 giorni dopo il giorni dell'operazione, ovviamente senza conteggiare i sabati, le domeniche e i festivi.

Questo vuol dire che la banca già con il cosiddetto "gioco delle valute" può imputarci costi elevati a titolo di interessi debitori. Per questo è bene che si sappia che anche le valute sono oggetto di contrattazione con la banca.

Quando controllate l'estratto conto, analizzate anche i giorni di valuta che la banca prende per ogni singola operazione, e fate il confronto con le valute di altri istituti di credito.

Esponiamo ora una simulazione completa di estratto conto bancario (la banca, l'impresa e le operazioni sono di pura fantasia).

BANCA POPOLARE
Estratto conto al 31 marzo 20..
del conto corrente n.
445566
presso filiale di ……

Correntista
DEMO s.r.l.

Date	Valute	Movimenti		Descrizione operazioni	Saldi		N.
		Dare	Avere		S	Importi	
1/1	31/12	€ 25.200,00		saldo liquido	D	€ 25.200,00	1
1/1	4/1		€ 1.100,00	partita ripresa	D	€ 24.100,00	4
8/1	29/12	€ 2.000,00		assegno bancario n. 112233	D	€ 26.100,00	2
15/1	24/1		€ 3.000,00	versamento assegno bancario	D	€ 23.100,00	5
15/1	31/12	€ 750,00		sbilancio competenze	D	€ 23.850,00	3
6/2	31/1	€ 3.500,00		effetto insoluto	D	€ 27.350,00	6
25/2	26/2	€ 4.000,00		bonifico a terzi	D	€ 31.350,00	7
4/3	9/3		€ 2.500,00	versamento assegno circolare	D	€ 28.850,00	8
10/3	10/3	€ 3.200,00		bonifico a terzi	D	€ 32.050,00	9
15/3	15/3		€ 1.500,00	versamento contanti	D	€ 30.550,00	10
28/3	5/4		€ 1.000,00	versamento assegno bancario	D	€ 29.550,00	

Ho cercato di riassumere i casi delle operazioni più frequenti. Operazione dell'1/1 "saldo liquido di euro 25.200,00" con valuta 31/12. Trattasi del saldo del trimestre precedente. Ma va tenuto distinto il *saldo liquido* dal *saldo contabile*. Il saldo contabile è quello che scaturisce dal conteggio di tutte le operazioni intervenute nell'estratto conto; il saldo liquido considera invece solo le operazioni che hanno la valuta giunta a maturazione, cioè nel saldo liquido non si considerano le operazioni con valute future. Infatti, l'altra operazione con data 1/1 "partita ripresa di euro 1.100,00" con valuta 4/1 è un'operazione avvenuta nel trimestre precedente, ma avendo valuta nel trimestre successivo, è stata esclusa dal saldo al 31/12. Questa è una tipica "operazione postergata", ovvero un'operazione che avviene a fine trimestre, ma la cui valuta cade nel trimestre successivo. Queste operazioni vengono quindi "riprese" nel successivo estratto conto.

L'operazione dell'8/1 con valuta 29/12 è una tipica "operazione antergata", ovvero un'operazione la cui valuta cade nel precedente trimestre già chiuso. Queste operazioni hanno un particolare trattamento computistico nello scalare interessi.

Relativamente alle operazioni successive, è da evidenziare sempre la differenza tra la "data dell'operazione" e la "valuta" e ciò va sempre attentamente controllato, affinché la banca non esageri con i giorni di valuta. Da notare l'operazione del 15/1 "sbilancio competenze" con valuta 31/12: trattasi degli interessi debitori e delle spese relative al trimestre precedente. Infine da evidenziare anche l'ultima operazione del trimestre, quella del 28/3 con valuta 5/4. Questa è una tipica "operazione postergata", cioè con valuta che cade ne trimestre successivo. L'ultima colonna del prospetto di estratto conto, "N = numeri" indica l'ordine cronologico delle operazioni in base alle date di valute.

Movimenti	**S**	**Saldi per valuta**		**Valute**	**Giorni**	**Numeri**	
		Dare	**Avere**			**Dare**	**Avere**
€ 25.200,00	D	€ 25.200,00		31/12	-2	-50.400	
€ 2.000,00	D	€ 27.200,00		29/12	2	54.400	
€ 750,00	D	€ 27.950,00		31/12	4	111.800	
€ 1.100,00	A	€ 26.850,00		4/1	20	537.000	
€ 3.000,00	A	€ 23.850,00		24/1	7	166.950	
€ 3.500,00	D	€ 27.350,00		31/1	26	711.100	
€ 4.000,00	D	€ 31.350,00		26/2	11	344.850	
€ 2.500,00	A	€ 28.850,00		9/3	1	28.850	
€ 3.200,00	D	€ 32.050,00		10/3	5	160.250	
€ 1.500,00	A	€ 30.550,00		15/3	16	488.800	
					Totali	2.553.600	

Lo scalare interessi

Sempre in riferimento all'esempio illustrato, espongo ora lo scalare interessi che ne deriva. Nello scalare interessi vengono rielencate le operazioni annotate nell'estratto conto, ma in ordine di valuta, e i saldi vengono rideterminati. I giorni vengono conteggiati dalla valuta dell'operazione a quella successiva. Da evidenziare l'operazione antergata con valuta 29/12 la quale produce giorni di sconto negativi (-2 ottenuti dal 31/12 al 29/12). I numeri sono il prodotto tra i saldi per valuta e i giorni. Infine da notare che l'ultima operazione dell'estratto conto con data 28/3 e valuta 5/4 non compare nello scalare interessi, in quanto è una "operazione postergata" e che quindi farà parte come "partita ripresa" nell'estratto conto del trimestre successivo.

Prospetto competenze e spese

È da questo prospetto che possiamo verificare le spese che la banca ci ha addebitato, i tassi di interesse, la commissione massimo scoperto e lo sbilancio competenze.

Segue il prospetto competenze dell'esempio di cui sopra.

ELEMENTI PER IL CONTEGGIO DELLE COMPETENZE	
1) INTERESSI CREDITORI	(non ci sono saldi avere)

2) INTERESSI DEBITORI					
decorrenza		tasso	numeri debitori		interessi debitori
01-gen		7,50%	2.553.600		€ 524,71

3) COMMISSIONE SUL MASSIMO SCOPERTO					
Data		aliquota	base		importo
31-mar		0,375%	€ 32.050,00		€ 120,19

4) SPESE					
operazioni n. 11 a euro 0,90					€ 9,90
rimborso forfetario					€ 15,00
spese fisse e bollo					€ 48,00
			totale spese		€ 72,90

RIEPILOGO COMPETENZE					
			A DEBITO		A CREDITO
interessi netti a credito					€ -
interessi a debito			€ 524,71		
commissione sul massimo scoperto			€ 120,19		
spese			€ 72,90		
totali			€ 717,80		€ -
sbilancio competenze			€ 717,80		

Dall'esempio si evince che il tasso applicato dalla banca è del 7,50%. Ma il tasso effettivo è più elevato, in quanto bisogna considerare i giorni di valuta, le spese, il bollo, le commissioni. Per calcolare il tasso effettivo applicato, l'operazione da fare è questa: (36.500 x totale spese e interessi)/totale numeri.

(36500 x euro 717,80)/2.553.600 = 10,26% tasso effettivo, che è sensibilmente più elevato di quello nominale del 7,50%. Questa verifica va sempre fatta, e deve essere un argomento da far rilevare alla banca al fine di spuntare un tasso nominale più basso o spese minori.

SEGRETO n. 12: calcola sempre il tasso effettivo dal prospetto competenze e spese: risulterà più alto del tasso nominale. Questo è un ottimo argomento per ottenere dalla banca riduzione di tassi e di spese.

Gli anticipi su fatture

Trattasi di una forma di finanziamento abbinata a una cessione del credito. L'impresa cede i propri crediti rappresentati da fatture alla banca, la banca a sua volta concede un finanziamento acquisendo i crediti ceduti dall'impresa. È una forma di smobilizzo crediti. Il finanziamento ottenuto si estinguerà nel momento in cui il cliente ceduto intestatario della fattura onorerà il suo debito.

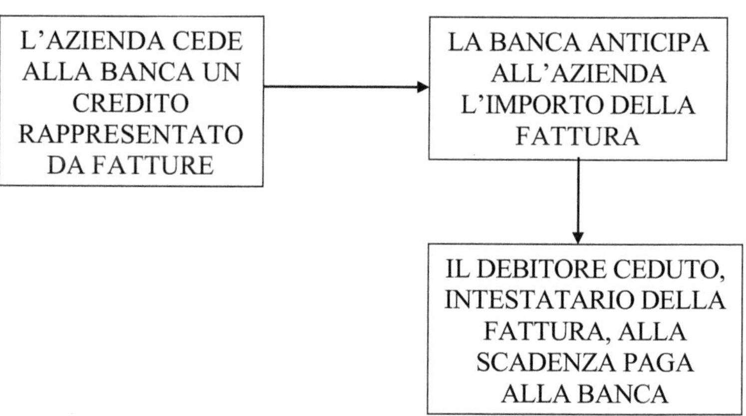

La banca però non anticipa l'intero importo della fattura, sottrae piuttosto uno scarto, in genere del 20%, a titolo prudenziale. Tecnicamente l'operazione avviene per mezzo di un "conto anticipi" che la banca apre in parallelo al tradizionale conto corrente. Il conto ad anticipi produce anch'esso uno scalare interessi e un prospetto competenze.

Illustro meglio con un esempio. L'azienda cede alla banca una fattura di euro 100.000,00 e la banca, dopo lo scarto del 20%, anticipa al cliente l'80% della fattura. L'operazione viene così annotata nel conto corrente e nel conto anticipi.

CONTO ANTICIPI FATTURE

Date	Valute	Movimenti		Descrizione operazioni	Saldi		N.
		Dare	Avere		S	Importi	
20/10	20/10	€ 80.000,00		anticipo su fattura n. …			

CONTO CORRENTE DI CORRISPONDENZA

Date	Valute	Movimenti		Descrizione operazioni	Saldi		N.
		Dare	Avere		S	Importi	
20/10	20/10		€ 80.000,00	giroconto da c/anticipi			

In questo modo, la banca addebita sul conto anticipi euro 80.000,00 (sui quali iniziano a maturare interessi debitori), e accredita tale disponibilità sul conto corrente ordinario.

Alla scadenza della fattura, il debitore principale provvederà a versare l'importo di euro 100.000,00 alla banca, la quale avrà cura di annotare conti come segue:

CONTO ANTICIPI FATTURE

Date	Valute	Movimenti		Descrizione operazioni	Saldi		N.
		Dare	**Avere**		**S**	**Importi**	
20/10	20/10	€ 80.000,00		anticipo su fattura n....			
31/12	31/12		€ 100.000,00	bonifico su fattura n. ...			
31/12	31/12	€ 20.000,00		pareggio per fattura n. ...			

CONTO CORRENTE DI CORRISPONDENZA

Date	Valute	Movimenti		Descrizione operazioni	Saldi		N.
		Dare	**Avere**		**S**	**Impor ti**	
20/10	20/10		€ 80.000,00	giroconto da c/anticipi			
31/12	31/12		€ 20.000,00	giroconto a pareggio			

Ovviamente la banca provvederà ad accreditare sul conto corrente dell'impresa anche i 20.000,00 euro di differenza scarto. Il conto anticipi produrrà regolarmente uno scalare interessi con relativo prospetto competenze spese e interessi debitori, che verranno poi addebitati nel conto corrente ordinario. In caso di mancato pagamento, l'importo della fattura viene addebitata nel conto corrente. Il tasso applicato nel conto anticipi è in genere più basso di quello del conto corrente affidato. Non è uno strumento adatto per le imprese che volessero l'anticipo di numerose fatture, ma è l'ideale per poche fatture con importo elevato. Inoltre si ha lo svantaggio di non avere l'intero importo delle fatture, sarà applicata, infatti, una detrazione dello scarto del 20%.

Il portafoglio sconti

Anche questa è un'operazione di "smobilizzo crediti", mediante la quale trasformiamo i crediti dell'azienda in liquidità, senza aspettare la loro naturale scadenza. L'operazione bancaria di sconto è un contratto con cui l'azienda cede alla banca un credito non ancora scaduto, ricevendo in cambio l'importo diminuito dello sconto commerciale e delle commissioni. Il credito è rappresentato da cambiali (pagherò e tratte). Ovviamente la banca prima di accettare cambiali allo sconto ne verifica i "requisiti di bancabilità" (loro natura commerciale, presenza di almeno due firme solvibili, scadenza non superiore a 6 mesi, no a clausole che ne limitano i diritti cambiari).

Le fasi di svolgimento di tale operazione sono le seguenti:

1) presentazione degli effetti alla banca;
2) l'ufficio portafogli della banca verifica i requisiti di bancabilità e passa il tutto all'ufficio fidi per la decisione finale;
3) calcolo del netto ricavo, il cui importo viene accreditato sul conto corrente dell'impresa.

Un esempio chiarirà la fase del calcolo che la banca effettua:

Ammissione allo sconto del 15/4 -Tasso 8% - Giorni banca 6				
Importo effetti	Scadenza	Giorni	Numeri	Commissioni
€ 15.000,00	24-giu	70	1.050.000	€ 4,00
€ 10.000,00	30-giu	82	820.000	€ 4,00
€ 20.000,00	15-lug	97	1.940.000	€ 4,00
€ 45.000,00			**3.810.000**	**€ 12,00**

Calcolo del netto ricavo

importo effetti	€ 45.000,00
sconto	€ 835,07
commissioni	€ 12,00
netto ricavo	**€ 44.152,93**

I giorni sono calcolati dalla data di ammissione alla scadenza del titolo + i giorni banca.

Anche in questa operazione il tasso effettivo del finanziamento è spesso sensibilmente più alto di quello nominale, ed è bene che l'impresa faccia tali calcoli sempre al fine di avere un argomento di contrattazione con la banca. Ecco come si procede per il calcolo del tasso effettivo.

Importo effetti	Scadenze	Giorni	Numeri
€ 15.000,00	24-giu	epoca	-
€ 10.000,00	30-giu	6	60.000
€ 20.000,00	15-lug	21	420.000
€ 45.000,00			**480.000**

480000/45000 = 11 giorni da aggiungere
all'epoca
24-giu + 11gg. = 04-lug
scadenza adeguata
Dal 15/4 al 4/7 sono giorni 80 (durata del finanziamento)

Calcolo del tasso effettivo: r = (36,500 x I)/(C x g) =
(36500 x 835,07)/(44152,9x 80) = 8,63%

Il tasso effettivo è 8,63% contro quello nominale dell'8%.

Questa operazione però sta andando in disuso, a causa del sempre meno frequente utilizzo delle cambiali negli scambi commerciali. Le cambiali sono oramai sostituite da un altro strumento di pagamento: le RI.BA. (ricevute bancarie) che non hanno una regolamentazione giuridica, ma sono state inventate dalla pratica commerciale.

Il portafoglio salvo buon fine (s.b.f.)

Anche il portafoglio s.b.f. è una forma di finanziamento mediante smobilizzo di crediti commerciali. In questo caso i crediti non sono rappresentati da cambiali, ma da RI.BA.

Le forme tecniche di utilizzo di questo strumento sono due:

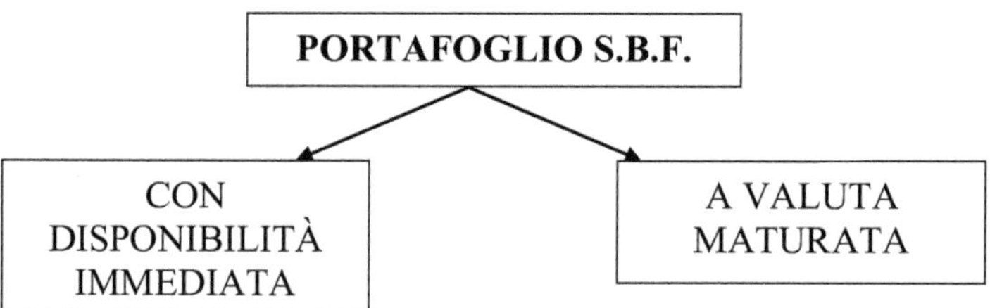

Ogni banca decide quale forma tecnica applicare: è bene che un imprenditore accorto sappia come viene trattato dalla propria.

Portafoglio s.b.f. con disponibilità immediata

È una procedura favorevole per chi ha saldi sul c/c sempre a debito. La banca attiva un conto anticipo transitorio nel quale accredita l'importo delle RI.BA. indicando la valuta adeguata (una sorta di media tra le diverse scadenze delle RI.BA.). Lo stesso giorno gira tale importo (con valuta del giorno) al conto corrente ordinario. In questo modo nel conto anticipo, pur con saldo pari a zero, si verifica uno scoperto di valuta, sul quale maturano interessi passivi per l'azienda. Il vantaggio di questa operazione è che l'azienda si vede accreditare sul proprio conto corrente l'importo delle RI.BA., ma contemporaneamente le vengono addebitate le commissioni e le spese dell'operazione.

Il conto anticipo su RI.BA. produrrà un suo scalare interessi e un prospetto competenze con gli interessi debitori, che verranno poi addebitati sul conto corrente ordinario.

Portafoglio s.b.f. a valuta maturata

In questo caso la banca non concede un finanziamento, ma mette a disposizione l'importo delle RI.BA. sul conto corrente dell'azienda cliente alla data della valuta adeguata. Quindi:

1) l'azienda porta in banca le RI.BA.;
2) la banca calcola la loro scadenza adeguata (una data intermedia a tutte le scadenze delle RI.BA.);
3) la banca accredita sul conto corrente del cliente l'importo delle RI.BA. con valuta pari alla scadenza adeguata.

Sconto di pagherò diretti

Per coprire il proprio fabbisogno finanziario, l'impresa può ricorrere anche allo sconto di pagherò diretti, mediante il quale l'impresa firma un pagherò a favore della banca e questa accredita sul conto corrente l'importo scontato di tale effetto.

È un'operazione in genere di breve durata, ed è garantita esclusivamente dalla cambiale. Spesso il costo di tale operazione è abbastanza elevato, in quanto l'impresa vi ricorre quando non ha più capacità di contenimento con le altre forme tecniche fin'ora esaminate.

Il factoring

È un contratto con cui l'impresa cede crediti commerciali a una impresa cessionaria detta *factor*. Il vantaggio principale è quello di trasformare in flussi di cassa crediti commerciali con scadenza futura. Il *factor* inoltre non si limita ad acquisire i crediti e ad anticiparne l'importo al cedente, ma effettua anche la gestione di tali crediti (contabilizzazione, solleciti, contenzioso ecc.). Ci sono elementi da tenere sotto controllo per il costo dell'operazione di *factoring*. Essi sono:

- le commissioni di *factoring*;
- il rimborso spese;
- gli interessi sulle somme anticipate.

Le anticipazioni

Possiamo definire quest'ultima forma di finanziamento del proprio fabbisogno finanziario come un contratto di prestito abbinato a un contratto di pegno, con cui la banca concede all'impresa un finanziamento commisurato al valore dei beni dati in pegno (merci, titoli, altro).

Le forme tecniche di utilizzo sono le seguenti:

ANTICIPAZIONI	
A SCADENZA FISSA	IN CONTO CORRENTE

L'anticipazione a scadenza fissa va restituita alla banca in un'unica soluzione a una certa scadenza.

Più utilizzata è invece la forma di anticipazione in conto corrente, dove la banca accredita l'importo finanziato sul conto corrente. Oggetto del pegno quindi possono essere:

- titoli;
- merci;
- altri valori.

Dal valore di questi ultimi la banca effettua uno scarto prudenziale che può arrivare a oltre il 30% nel caso di anticipazioni su titoli azionari. È quindi un'operazione abbastanza onerosa, considerando anche lo scarto subito.

Come evitare la crisi finanziaria a causa di un eccessivo indebitamento a breve

Tutte le forme tecniche che abbiamo esaminato hanno lo scopo di far ottenere liquidità immediata all'azienda. Ma allo stesso tempo sono forme di finanziamento la cui scadenza è molto ravvicinata, in genere entro 12 mesi. Alcune forme di finanziamento hanno sì una scadenza indeterminata, basti pensare allo scoperto di conto corrente, ma comunque potenzialmente la banca potrebbe richiedere il rimborso in qualsiasi momento. Inoltre a causa del loro costo elevato, non è auspicabile utilizzarle per lunghi periodi. L'errore peggiore che le aziende possano commettere è quello di utilizzare le forme di finanziamento a breve termine per finanziare investimenti di lunga durata o ampliamenti aziendali.

SEGRETO n. 13: evitare nel modo più assoluto di finanziare progetti di investimento o ampliamento dell'azienda con forme di finanziamento a breve termine.

La ragione di tale divieto è che gli investimenti e gli ampliamenti avranno il loro ritorno in denaro in periodi piuttosto lunghi, e di conseguenza devono essere finanziati con fonti di finanziamento la cui scadenza deve essere lontana nel tempo. In caso contrario, potremmo trovarci davanti a una situazione di tensione finanziaria, in quanto saremo costretti a restituire denaro il cui investimento in azienda ancora non dà i suoi frutti. Un'altra regola da seguire è che il totale dei finanziamenti a breve termine devono essere inferiori all'importo dell'attivo circolante. In altri termini il valore del magazzino, dei crediti e delle disponibilità liquide deve essere in totale di importo superiore a quello dei debiti con scadenza a breve.

SEGRETO n. 14: il valore del magazzino, dei crediti e delle disponibilità liquide deve in totale superare l'importo dei debiti di breve scadenza.

Anche questa affermazione è motivata dal fatto che nell'ipotesi in cui dovessimo restituire tutti i nostri debiti di breve scadenza, dovremmo avere una disponibilità tale che liquidata dovrà coprire l'importo da restituire. Infatti il magazzino e i crediti hanno la caratteristica di trasformarsi in liquidità in breve termine.

Finanziamento dei soci

Una valida alternativa al ricorso all'indebitamento da terzi è il ricorso, per l'azienda, a un prestito effettuato dai soci dell'azienda stessa.

Non si tratta però di capitale proprio, come si potrebbe facilmente pensare, ma sempre di un debito dell'azienda, pur se verso i suoi soci. Tale tipo di finanziamento può avere una durata breve, ed essere restituito ai soci entro 12 mesi. In questo caso l'importo finanziato risulterà in bilancio tra i debiti a breve termine. Tale tipo di prestito può essere effettuato per momentanee esigenze di liquidità e in genere è di importo limitato. I vantaggi sono evidenti, e riguardano anche l'eventuale risparmio di interessi che l'azienda avrebbe pagato a un finanziatore estraneo.

RIEPILOGO DEL GIORNO 3:

- SEGRETO n. 11: non è sufficiente soffermarsi al controllo del solo estratto conto; ma vanno analizzati e interpretati anche lo scalare interessi e il prospetto competenze e spese.
- SEGRETO n. 12: calcola sempre il tasso effettivo dal prospetto competenze e spese: risulterà più alto del tasso nominale. Questo è un ottimo argomento per ottenere dalla banca riduzione di tassi e di spese.
- SEGRETO n. 13: evitare nel modo più assoluto di finanziare progetti di investimento o ampliamento dell'azienda con forme di finanziamento a breve termine.
- SEGRETO n. 14: il valore del magazzino, dei crediti e delle disponibilità liquide deve in totale superare l'importo dei debiti di breve scadenza.

GIORNO 4:
Come scegliere tra le fonti di finanziamento a medio-lungo termine

Gli strumenti di finanziamento con scadenza a medio-lungo termine, oltre i 12 mesi, sono tipicamente a forma di rimborso rateale e di importo rilevante.

Tali finanziamenti dovranno coprire il fabbisogni di investimento iniziale o di ampliamento dell'impresa, ovvero devono finanziare investimenti di tipo durevole. Così ad esempio se dobbiamo effettuare gli investimenti per l'avvio dell'attività, o dobbiamo rinnovare impianti, fabbricati, attrezzature, automezzi, dovremo far ricorso a strumenti di medio-lungo termine.

Come ho avuto già modo di affermare, sarebbe sbagliato finanziare l'avvio dell'attività o il suo ampliamento, con strumenti finanziari di breve termine. È necessario ricorrere a fonti di medio-lungo termine.

SEGRETO n. 15: per finanziare l'avvio dell'attività, o il suo ampliamento e rinnovo, con l'acquisto di fabbricati, macchinari, attrezzature, automezzi, è indispensabile ricorrere a strumenti di medio-lungo termine, superiori a 12 mesi, con rimborso rateale.

L'utilizzo di strumenti di breve termine, porterebbe a un sicuro squilibrio finanziario, con possibile dissesto finanziario, nei casi più gravi.

Gli strumenti di medio-lungo termine che ora esamineremo, sono i seguenti:

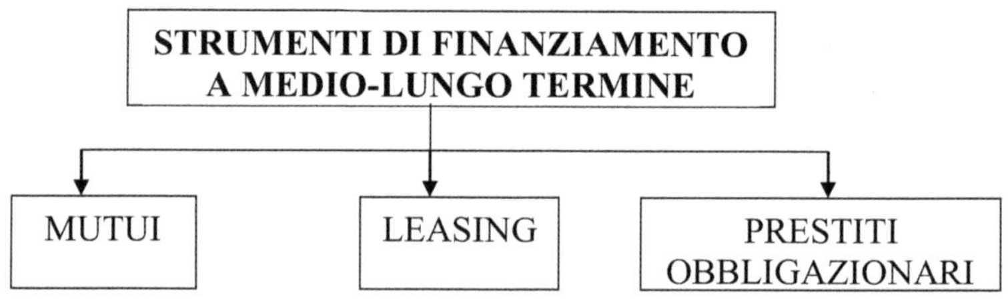

Il mutuo

Per concedere un mutuo, la banca effettua una completa istruttoria, un po' meno impegnativa se si è già suoi clienti.

In ogni caso è consigliabile confrontare le condizioni di più istituti di credito, e nell'ambito della banca scelta, confrontare le diverse tipologie di mutuo offerte.

Le offerte commerciali dei mutui bancari sono le più svariate e, comunque, il punto centrale che attira maggiormente l'attenzione del potenziale cliente è il tasso.

Infatti è decisiva l'opzione di scelta, che viene effettuata in fase di stipula del contratto, tra tasso fisso o variabile.

È opportuno a questo punto analizzare i vantaggi e gli svantaggi delle due tipologie di tassi. Cominciando dal tasso fisso, è palese che l'azienda finanziata può avere una migliore programmazione dei flussi in uscita, in quanto il mutuo a tasso fisso comporta una rata costante (in caso si scelga il metodo di rimborso a rata costante e durata fissa del mutuo).

Inoltre in caso di fase di incremento dei tassi, il mutuo a tasso fisso risulta vantaggioso proprio perché mette al riparo di eventuali innalzamenti dei tassi stessi. Ma in caso di diminuzione dei tassi di mercato, ci si ritroverà a pagare interessi oltre a quelli di mercato.

SEGRETO n. 16: il mutuo a tasso fisso permette di programmare i flussi di uscite e mette al riparo da innalzamenti dei tassi di mercato. È vantaggioso in periodi di crescita dell'inflazione.

Il mutuo a tasso variabile invece ha come vantaggio un iniziale tasso abbastanza basso; risulta quindi appetibile in periodi di discesa degli assi finanziari. Però la maggiore insidia di questo tipo di mutuo è proprio la variabilità degli interessi e della rata, con conseguente difficoltà a programmare i flussi di uscite.

SEGRETO n. 17: il mutuo a tasso variabile è vantaggioso in periodi di discesa dei tassi di mercato e dell'inflazione, ma non permette di programmare esattamente i flussi delle uscite.

È bene prendere inoltre visione del piano di ammortamento elaborato dalla banca, ovvero l'elenco delle rate con le rispettive scadenze, e con la distinzione tra quota capitale e quota interessi. Particolare attenzione va rivolta anche alle spese accessorie del mutuo (perizie, costi di istruttoria, commissioni di incasso rate ecc.), poiché vanno tutte a incrementare il tasso nominale fissato dalla banca.

Un cenno va fatto anche alla composizione della rata dei mutui, la quale è composta da una parte che va a rimborsare il capitale e una parte che va a rimborsare gli interessi. Generalmente le banche che erogano i mutui alle imprese utilizzano il metodo di ammortamento "alla francese", cioè con gli interessi calcolati sul debito residuo.

Così all'inizio del mutuo, essendo il debito residuo elevato, la rata sarà composta per la maggior parte dalla quota interessi e da una piccola quota capitale. Con il passare del tempo la quota interessi diminuisce (in quanto diminuisce il debito residuo) e aumenta la quota capitale. Ad ogni modo la rata rimane sempre costante, e a variare sarà la sua composizione tra quota interessi e quota capitale. Verso la fine del mutuo la rata sarà composta quasi interamente dalla quota capitale.

Per evitare inizialmente un impatto eccessivo della rata del mutuo sulla finanza dell'impresa, è possibile ricorrere anche al "preammortamento": per un breve periodo di tempo (ad esempio massimo per due anni) l'azienda non paga la rata del mutuo ma solo gli interessi. Questo al fine di permettere all'azienda di avviare i propri progetti e ottenerne i benefici finanziari prima di cominciare a rimborsare il mutuo.

Leasing

Il *leasing* è un'alternativa al mutuo. Con il contratto di *leasing* (in inglese "to lease" vuol dire "affittare"), l'azienda si rivolge a una apposita società di *leasing* (in genere di emanazione bancaria) per richiedere l'acquisizione di impianti, macchinari, automezzi o anche immobili. La società di *leasing* provvede ad acquistare il bene richiesto dall'azienda, per poi concederglielo in locazione, facendo pagare un canone di locazione per un periodo prestabilito.

Durante il periodo di locazione il bene strumentale è di proprietà della società di *leasing* e non dell'impresa utilizzatrice. Al termine della periodo di locazione, l'impresa utilizzatrice può divenire proprietaria del bene pagando un riscatto in genere pari all'1% del valore del bene. Ecco lo schema di funzionamento del *leasing*:

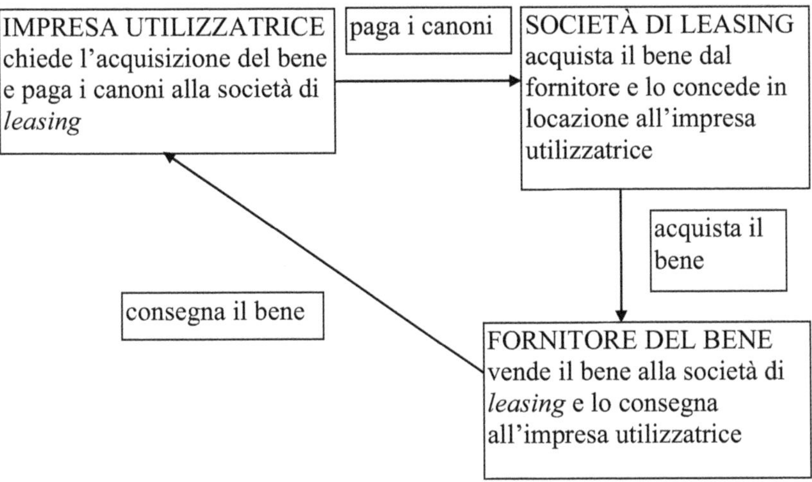

SEGRETO n. 18: con il leasing proprietaria del bene acquistato è la società di leasing e non l'impresa che lo utilizza, che è semplicemente una locataria.

In genere le società di *leasing* richiedono un maxicanone iniziale e poi il pagamento dei canoni normali aventi periodicità mensile, trimestrale, o altro.

Ma il vero problema per l'impresa che deve acquistare un bene strumentale (macchinario, automezzo, immobile) è decidere se conviene acquisirlo direttamente o con il *leasing*. Nelle tabelle seguenti ho riepilogato i vantaggi e gli svantaggi di entrambe le alternative, non essendoci ovviamente una risposta netta che vada bene in ogni situazione.

LEASING

Vantaggi	Svantaggi
non richiede un elevato esborso iniziale per l'investimento	in genere maggior costo rispetto ad altre forme di finanziamento
viene finanziato l'intero importo del bene acquisito	il bene acquisito non risulta in bilancio in quanto di proprietà della società di *leasing*
deducibilità fiscale dei canoni	
anche l'IVA viene rateizzata	
il bene può essere sostituito se diventa tecnologicamente superato	
Non sono richieste garanzie reali, in quanto il bene rimane di proprietà della società di *leasing*	

ACQUISTO DIRETTO

Vantaggi	Svantaggi
il bene è di proprietà dell'azienda che lo utilizza	elevato impegno finanziario iniziale
	se non si hanno mezzi propri, ricercare un'appropriata fonte di finanziamento

Operazione di "Lease back"

Con il *lease back* l'azienda cede alla società di *leasing* un bene di sua proprietà, in genere un immobile, facendosi pagare il corrispettivo valore. Subito dopo la stessa società concede in *leasing*, alla stessa azienda, l'immobile da essa acquistato. Con questa operazione l'azienda ottiene così un'immediata disponibilità di liquidità, costituita dal pagamento fatto dalla società di *leasing*; ma contemporaneamente continua a utilizzare il bene in oggetto, in quanto lo acquisisce in *leasing*, con possibilità di riscatto (acquisto) finale.

SEGRETO n. 19: per realizzare liquidità si può ricorrere al lease-back, vendendo e poi acquisendo in leasing un bene di proprietà.

I prestiti obbligazionari

Quello del prestito obbligazionario è uno strumento finanziario che possono utilizzare solo le società per azioni e le società in accomandita per azioni. Diversi sono i vincoli imposti dalla legge. Di fatto ricorrono a questo tipo di finanziamento solo le grandi società quotate in Borsa.

Con il prestito obbligazionario la società emette dei titoli di credito che vengono acquistati dai risparmiatori (detti obbligazionisti) e dai quali ottengono il pagamento di un interesse periodico. Quindi per la società il prestito obbligazionario non è altro che un prestito ricevuto da una massa di risparmiatori, i quali ottengono un interesse periodico.

Il prestito obbligazionario in genere ha una durata che supera i 5 anni, e diverse sono le tipologie di emissione. Si rimanda a fonti specifiche per ulteriori approfondimenti.

Finanziamento dei soci

Una valida alternativa al finanziamento a medio-lungo esterno è quella del prestito effettuato dai soci dell'azienda (o dal titolare se ditta individuale). In questo caso i soci potrebbero accordarsi nel versare alle casse della società l'importo necessario per le esigenze aziendali, stipulando un regolare contratto di mutuo, di durata superiore ai 12 mesi, anche di anni.

L'importo versato dei soci è pur sempre un debito per l'azienda, infatti risulterà in bilancio tra i "debiti a medio-lungo termine", quindi con obbligo di restituzione.

Come utilizzare l'indebitamento a medio-lungo termine per riequilibrare l'azienda

L'indebitamento a medio-lungo termine, sostanzialmente i mutui con durata oltre un anno e generalmente oltre i 5 anni, può essere utilizzato non solo per effettuare nuovi investimenti in azienda, ma anche per riequilibrare la struttura finanziaria dell'azienda stessa. L'operazione è chiamata "consolidamento dei debiti a breve termine".

L'operazione di "consolidamento dei debiti a breve termine" consiste nel contrarre un debito a medio-lungo termine (mutuo) e nell'utilizzarlo per estinguere debiti a breve termine (scoperti di c/c, sospesi verso fornitori, debiti previdenziali e diversi). Questa è una operazione da effettuarsi nel caso di un'azienda con struttura patrimoniale in disequilibrio, come spiegato nel capitolo 1 (segreti n. 4 e n. 5). L'effetto immediato di questo consolidamento consiste nella diminuzione dei debiti a breve e nell'incremento di quelli a medio-lungo termine. L'indebitamento rimane, ma è diversa poi la struttura patrimoniale dell'azienda, e tale situazione viene vista con maggior favore dalle banche, le quali erogano il mutuo finalizzato proprio a tale operazione.

Per chiarire meglio i vantaggi di un'operazione di consolidamento, espongo un breve esempio. Situazione prima del consolidamento:

ATTIVO	**PASSIVO**
immobilizzazioni eu. 1.000	capitale proprio eu. 300
attivo circolante eu. 500	debiti a medio-lungo eu. 200
totale attivo eu. 1.500	debiti a breve eu. 1.000
	totale passivo eu. 1.500

Come si vede e come spiegato nel capitolo 1 (e come sintetizzato nei segreti n. 4 e n. 5), la situazione di questa azienda è in disequilibrio in quanto i debiti a breve sono maggiori dell'attivo circolante.

Ipotizzando un'operazione di consolidamento dei debiti a breve, si potrebbe stipulare un mutuo a 7 anni dell'importo di euro 800, finalizzato proprio alla copertura di parte di quest'ultimi. Dopo tale operazione la situazione sarebbe la seguente:

ATTIVO	**PASSIVO**
immobilizzazioni eu. 1.000	capitale proprio eu. 300
attivo circolante eu. 500	debiti a medio-lungo eu. 1.000
totale attivo eu. 1.500	debiti a breve eu. 200
	totale passivo eu. 1.500

Come si vede, l'attivo circolante è superiore ai debiti a breve, e quindi di conseguenza la struttura patrimoniale e finanziaria dell'azienda si è riequilibrata.

Tra le due situazioni su prospettate, la seconda viene vista con favore dalle banche, in quanto corrisponde a un *rating* più elevato.

SEGRETO n. 20: per riequilibrare la struttura patrimoniale e finanziaria dell'azienda, si può ricorrere al "consolidamento dei debiti a breve", con il quale si sostituiscono i debiti a breve termine con un mutuo a medio-lungo termine.

Come tenere continuamente sotto controllo la situazione finanziaria

Qualsiasi operazione di finanziamento effettuata e decisa in azienda deve essere sempre oggetto di continuo controllo e verifica, altrimenti si darebbe il via a un'inevitabile crisi finanziaria e a un conseguente fallimento. Ogni azienda ha debiti, il che non è di per sé una cosa grave, anzi i debiti servono per effettuare nuovi investimenti. L'importante è che l'equilibrio finanziario venga continuamente monitorato e i debiti non divengano eccessivi. Ogni imprenditore accorto deve fare ciò.

Per tenere sotto controllo l'equilibrio finanziario dell'azienda, l'ideale sarebbe istituire in azienda un apposito "ufficio finanza" o incaricare qualcuno tra il personale interno della "funzione finanza". Questo argomento verrà meglio sviluppato e approfondito nel capitolo 7.

Circa l'entità dei debiti a medio-lungo termine che l'azienda va a contrarre, è necessario porre particolare attenzione alla rata periodica che si andrà a pagare. Quando si stipula un mutuo con una banca, anche allo scopo di consolidamento, è fondamentale richiedere un importo e una durata tale che si abbia una rata facilmente sopportabile dall'azienda. È opportuno, per fare ciò, sforzarsi di programmare e prevedere anche le future entrate, e l'andamento del proprio mercato di riferimento, elaborando appositi budget, magari con l'aiuto di un esperto consulente aziendale.

RIEPILOGO DEL GIORNO 4:

- SEGRETO n. 15: per finanziare l'avvio dell'attività, o il suo ampliamento e rinnovo, con l'acquisto di fabbricati, macchinari, attrezzature, automezzi, è indispensabile ricorrere a strumenti di medio-lungo termine, superiori a 12 mesi, con rimborso rateale.
- SEGRETO n. 16: il mutuo a tasso fisso permette di programmare i flussi di uscite e mette al riparo da innalzamenti dei tassi di mercato. È vantaggioso in periodi di crescita dell'inflazione.
- SEGRETO n. 17: il mutuo a tasso variabile è vantaggioso in periodi di discesa dei tassi di mercato e dell'inflazione, ma non permette di programmare esattamente i flussi delle uscite.
- SEGRETO n. 18: con il *leasing* proprietaria del bene acquistato è la società di *leasing* e non l'impresa che lo utilizza, che è semplicemente una locataria.
- SEGRETO n. 19: per realizzare liquidità si può ricorrere al lease-back, vendendo e poi acquisendo in *leasing* un bene di proprietà.
- SEGRETO n. 20: per riequilibrare la struttura patrimoniale e

finanziaria dell'azienda, si può ricorrere al "consolidamento dei debiti a breve", con il quale si sostituiscono i debiti a breve termine con un mutuo a medio-lungo termine.

GIORNO 5:
Come scegliere tra le fonti di finanziamento di capitale proprio e di finanza innovativa

Fino a questo punto abbiamo discusso delle fonti di finanziamento cosiddette di "capitale di terzi", ovvero forniti da enti esterni all'azienda (banche, società di *leasing*).

Fondamentali, e molto salutari per l'azienda, però, sono le fonti di "capitale proprio", cioè fornite direttamente dai soci o dall'azienda stessa, senza quindi ricorrere all'esterno. Le fonti di capitale proprio, come già detto nel capitolo 1, possono essere così classificate:

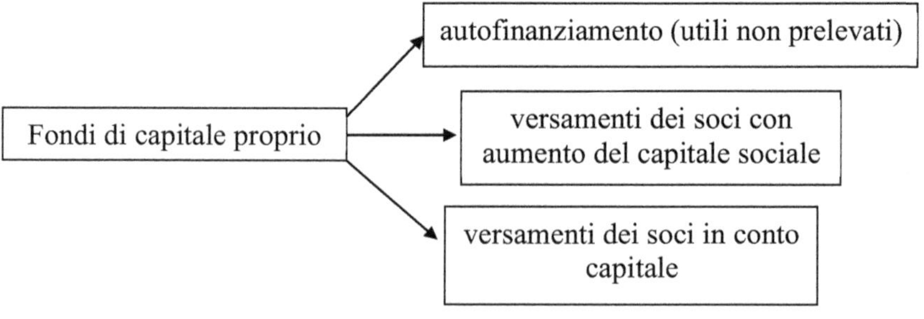

Quindi se l'azienda deve effettuare nuovi investimenti, invece di ricorrere all'indebitamento, può utilizzare le sopra elencate fonti di capitale proprio. Vediamole in dettaglio.

Autofinanziamento

Quando gli utili prodotti dall'impresa, a fine anno, non vengono prelevati dai soci o vengono prelevati solo in parte, vengono prudenzialmente accantonati in azienda, ottenendo così l'autofinanziamento. Cioè l'impresa per finanziarsi non ricorre all'esterno, ma trova le fonti al suo interno, appunto con gli utili non prelevati.

Così, ad esempio, se un'azienda a fine anno ha un utile di euro 50.000,00 e i soci decidono di prelevarne solo 10.000,00 lasciando i rimanenti euro 40.000,00 nella disponibilità dell'azienda, hanno prodotto un autofinanziamento appunto di euro 40.000,00. Così la liquidità delle casse aziendali diminuirà solo di euro 10.000,00 (per il prelievo fatto dai soci); i rimanenti 40.000,00 rimarranno nelle casse e nella disponibilità dell'azienda, che potrà utilizzare questa somma per finanziare nuovi investimenti.

SEGRETO n. 21: l'impresa può finanziare gli investimenti anche con le proprie forze, ovvero con gli utili prodotti e non prelevati dai soci. L'autofinanziamento produce un incremento di ricchezza del patrimonio aziendale.

Versamenti dei soci con aumento di capitale sociale

Altra importante forma di finanziamento per nuovi investimenti o per esigenze di liquidità è quella di chiedere ai soci di effettuare un versamento per aumentare il capitale sociale dell'azienda.

Possiamo dire che questa è la fonte di finanziamento ideale, in quanto non fa ricorso all'indebitamento ma al capitale proprio, rendendo così disponibile per l'azienda un capitale fisso e permanente che mai nessuno richiederà in restituzione, né sul quale pretenderà interessi.

Inoltre l'aumento di capitale sociale comporta una capitalizzazione dell'impresa (cioè incremento di mezzi propri), fatto molto apprezzato dalle banche.

SEGRETO n. 22: l'aumento di capitale sociale con versamento dei soci è la fonte di finanziamento più apprezzata dalle banche in quanto aumenta la capitalizzazione dell'impresa rendendola più solida.

Ovviamente tale tipo di operazione deve rispettare tutte le norme previste dal Codice Civile per le società di persone e di capitale.

Versamenti dei soci in conto capitale

I soci possono effettuare dei versamenti nelle casse sociali anche con la finalità di un futuro aumento di capitale sociale. Cioè le somme versate vengono imputate ad apposite riserve, con la possibilità in futuro di passarle ad aumento di capitale sociale. Ovviamente le riserve fanno parte del "patrimonio netto" e quindi del capitale proprio. Di conseguenza non si tratta di un debito della società, ma di capitale proprio anche se ancora non risulta come capitale sociale.

Come utilizzare il capitale proprio per riequilibrare la struttura patrimoniale e finanziaria dell'azienda

Le operazioni sopra descritte di capitale proprio

(autofinanziamento, aumento di capitale sociale, versamenti dei soci in conto capitale), sono azioni che fortificano e rendono più solida la struttura finanziaria e patrimoniale dell'azienda, proprio perché si tratta di capitali di cui mai nessuno richiederà la restituzione, e per questo detti "capitali permanenti".

L'aumento di capitale proprio ha come effetto immediato quello di riequilibrare la struttura patrimoniale e finanziaria dell'azienda, provvedendo a una sua migliore capitalizzazione

Come detto in precedenza per il consolidamento dei debiti, l'incremento del capitale proprio può essere utilizzato proprio per diminuire l'indebitamento a breve e/o a medio-lungo termine. Cioè i soci versano capitali nelle casse sociali, e tale liquidità viene utilizzata per diminuire l'indebitamento, in genere quello più pressante a breve termine.

Come si vedrà nell'ultimo capitolo, un'operazione di aumento di capitale proprio comporta un immediato miglioramento degli indicatori di bilancio, rendendo l'azienda più presentabile alle banche e ad altri finanziatori.

SEGRETO n. 23: l'autofinanziamento, l'aumento di capitale sociale o il versamento dei soci in conto capitale, possono essere utilizzati per diminuire l'indebitamento più pressante, con immediato effetto migliorativo sulla struttura finanziaria dell'azienda.

La finanza innovativa

Per finanziare l'azienda si può ricorrere anche a sistemi alternativi detti appunto di "finanza innovativa". Questi sistemi sono riepilogati nella seguente tabella:

FONTI DI FINANZIAMENTO DI FINANZA INNOVATIVA

CAMBIALI FINANZIARIE

ACCETTAZIONI BANCARIE

PROJECT

FORFAITING

CONFIRMING

Di seguito si darà un cenno al significato di tali forme di finanziamento, rimandando ovviamente a ulteriori approfondimenti in caso di effettivo utilizzo.

Cambiali finanziarie

Trattasi di cambiali emesse dall'azienda, con la promessa di pagare una determinata somma a una certa scadenza, e garantite in parte da una banca. L'operazione viene fatta tramite la banca, che funge da intermediario, e all'atto dell'emissione l'impresa percepisce il valore netto scontato delle cambiali. La differenza tra il valore nominale della cambiale e il valore netto percepito, costituisce il costo dell'operazione. Trattandosi di un'operazione particolare, essa è soggetta a una precisa normativa e a delle limitazioni, che devono essere dettagliatamente illustrate dalla banca intermediaria.

Accettazioni bancarie

Per effettuare questa particolare operazione di finanziamento, l'impresa innanzitutto deve ottenere da una banca un'apertura di "credito di firma", ovvero la banca non concede denaro, ma concede la propria firma a garanzia.

Dopo aver ottenuto l'apertura di credito di firma da parte della banca, l'impresa emette una cambiale *tratta* che viene accettata dalla banca. Questa cambiale *tratta* poi viene acquistata da un intermediario finanziario che provvede a scontarla.

Alla scadenza, l'intermediario finanziario che ha proceduto allo sconto, o comunque il soggetto che possiede la tratta, riscuote la cambiale. A pagare è la banca che ha accettato la tratta, e che poi si rivale sull'impresa cliente (impresa finanziata).

Forfaiting e confirming

Il *forfaiting* e il *confirming* sono speciali forme di finanziamento rivolte a sostenere l'attività delle imprese che vendono all'estero.

Forfaiting

Il *forfaiting* consiste nella cessione *pro soluto* (cioè a titolo definitivo) a una società finanziaria estera di cambiali (pagherò o tratte) connesse a operazioni di vendita all'estero di beni strumentali. Il *forfaiting* si realizza attraverso la girata posta sul retro delle cambiali; l'importo versato al venditore è dato dal valore nominale delle cambiali cedute diminuito dello sconto. In pratica con il *forfaiting* l'impresa che vende all'estero trasforma un pagamento dilazionato in un pagamento in contanti.

Confirming

La società di *confirming* conferma al fornitore nazionale l'ordinazione effettuata dall'acquirente estero, concede la propria garanzia di pagamento e si impegna a regolare per pronta cassa l'importo fatturato dietro consegna dei documenti di spedizione e degli effetti cambiari previsti in contratto.

Mentre nel *forfaiting* l'iniziativa è assunta dal venditore, nel *confirming* è generalmente il compratore straniero che promuove l'intervento finanziario.

Project financing

Questa forma di finanziamento riguarda le imprese che effettuano commesse pluriennali, come ad esempio opere pubbliche, autostrade, ponti, dighe ecc.

In questi casi con il *project financig* si va a finanziare quella parte di spese che la società deve anticipare, nell'attesa che vi sia la liquidazione, da parte dell'ente committente, dello stato di avanzamento dei lavori (SAL).

RIEPILOGO DEL GIORNO 5:

- SEGRETO n. 21: l'impresa può finanziare gli investimenti anche con le proprie forze, ovvero con gli utili prodotti e non prelevati dai soci. L'autofinanziamento produce un incremento di ricchezza del patrimonio aziendale.
- SEGRETO n. 22: l'aumento di capitale sociale con versamento dei soci è la fonte di finanziamento più apprezzata dalle banche in quanto aumenta la capitalizzazione dell'impresa rendendola più solida.
- SEGRETO n. 23: l'autofinanziamento, l'aumento di capitale sociale o il versamento dei soci in conto capitale, possono essere utilizzati per diminuire l'indebitamento più pressante, con immediato effetto migliorativo sulla struttura finanziaria dell'azienda.

GIORNO 6:
Come scegliere tra gli strumenti di finanza agevolata

Per finanziare i propri progetti di espansione o di avvio, l'impresa oggi può usufruire anche di aiuti mirati da parte di Enti locali (Comuni, Province), da parte delle Regioni, dello Stato o anche da parte dell'Unione europea.

Tali enti, al fine di aiutare l'economia di una determinata regione o per aiutare un determinato settore in difficoltà, intervengono con aiuti finanziari tramite apposite leggi o bandi di finanziamento. L'argomento dei finanziamenti agevolati per l'impresa è molto vasto, e in questo ebook, naturalmente, non si può essere esaurienti. L'obiettivo di questo capitolo è quello di dare un *input* sulle opportunità esistenti per usufruire degli aiuti finanziari; sta poi al singolo imprenditore approfondire l'opportunità e i vantaggi ottenibili da determinati strumenti legislativi.

Quali sono le caratteristiche tecniche dei finanziamenti agevolati: conto interessi e conto capitale

Ecco uno schema:

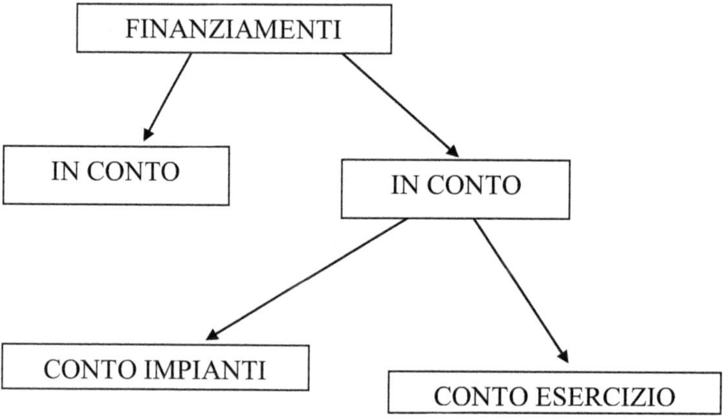

Una prima importante distinzione va fatta tra le agevolazioni in conto interessi e quelli in conto capitale.

Le agevolazioni in conto interessi consistono in un aiuto sugli interessi del finanziamento. L'impresa farà normale richiesta di finanziamento, ad esempio a una banca, stipulando il relativo contratto di mutuo e fissando il tasso di interesse. L'agevolazione consiste nell'ottenere il rimborso di una parte degli interessi. Così se il tasso fissato è ad esempio del 7%, l'agevolazione consisterà in qualche punto di interesse di rimborso, facendo scendere il tasso netto rimasto a carico dell'impresa.

I finanziamenti in conto capitale invece consistono nella concessione di un importo, in genere in percentuale all'investimento effettuato, a fondo perduto, cioè da non restituire più.

L'importo ottenuto a fondo perduto, anche se soggetto a tassazione, viene quindi considerato alla stregua di "capitale proprio", in quanto è assimilabile ai capitali versati dai soci, e quindi ha le caratteristiche, come spiegato nei capitoli precedenti, del "capitale permanente".

Il "fondo perduto" inoltre può essere concesso sia sugli impianti oggetto degli investimenti, sia per coprire una parte delle spese di esercizio, quali affitto, utenze, merce ecc.

Quindi, quando ci apprestiamo a richiedere aiuti finanziari in conseguenza di una legge, dobbiamo subito verificare, dalla lettura del bando, quali siano le agevolazioni concesse, se in conto interessi o in conto capitale, e in quest'ultimo caso, se in conto impianti o in conto esercizio.

SEGRETO n. 24: in una legge di finanziamento agevolato, bisogna subito individuare quali siano le agevolazioni concesse: in conto interessi o in conto capitale; e, in quest'ultimo caso, se in conto impianti o in conto esercizio.

La panoramica delle leggi per i finanziamenti agevolati in Italia è abbastanza complessa, in quanto numerosi sono i provvedimenti, anche a livello locale e regionale, che, per incentivare l'economia, si occupano di tale materia.

Le opportunità di ottenere finanziamenti agevolati sono diverse, anche da regione a regione, considerato che le Regioni varano leggi anche per specifici settori economici. Spesso anche i Comuni erogano aiuti alle imprese, o anche enti quali le Camere di commercio.

Oltre a provvedimenti a carattere regionale e locale, vi sono leggi dello Stato e anche bandi emessi direttamente dall'Unione europea.

Ovviamente un'impresa che necessita di questo tipo di consulenza dovrà rivolgersi a professionisti o a società specializzate in finanza agevolata.

Come scegliere tra le leggi di finanza agevolata oggi in vigore per l'avvio di una nuova impresa

È impossibile in questo ebook analizzare tutte le leggi di finanziamento in vigore, senza pensare poi a quelle emesse dalle singole Regioni.

Quello che qui si vuole fare è analizzare le principali forme di finanziamento agevolato per l'avvio di nuove imprese, attualmente in vigore, e gestite dallo Stato per mezzo di Invitalia S.p.a. (www.invitalia.it), l'Agenzia nazionale per l'attrazione d'investimenti e lo sviluppo d'impresa (già Sviluppo Italia S.p.a.).

Il Decreto Legislativo n. 185/2000 Titolo II (Autoimpiego)

costituisce il principale strumento di sostegno alla realizzazione e all'avvio di piccole attività imprenditoriali da parte di disoccupati o persone in cerca di prima occupazione. Questa legge, la cui gestione è affidata a Invitalia, prevede la concessione di agevolazioni finanziarie (contributo a fondo perduto e mutuo a tasso agevolato) e di servizi di assistenza tecnica per tre tipologie di iniziative:

- **lavoro autonomo** (in forma di ditta individuale), con investimenti complessivi previsti fino a € 25.823;
- **microimpresa** (in forma di società), con investimenti complessivi previsti fino € 129.114;
- **franchising** (in forma di ditta individuale o di società), da realizzare con *franchisor* accreditati con Invitalia, l'agenzia nazionale per l'attrazione d'investimenti e lo sviluppo d'impresa.

Tutte le informazioni relative a queste singole forme di avvio di impresa, sono dettagliatamente esposte sul sito Invitalia, e sui link che fornirò in seguito. Anche la domanda di richiesta delle agevolazione deve essere fatta online, dopo aver compilato la modulistica presente sul sito.

A questo punto vediamo sinteticamente in cosa consistono le tre forme di finanziamento su elencate.

Lavoro autonomo

Il link per avere tutte le informazioni sulle modalità di erogazione è il seguente: autoimpiego Invitalia. Questa agevolazione è rivolta a persone fisiche che intendono avviare un'attività di lavoro autonomo in forma di ditta individuale.

Per presentare la domanda i proponenti devono essere in possesso dei seguenti requisiti:

- maggiore età alla data di presentazione della domanda;
- disoccupazione alla data di presentazione della domanda;
- residente nel territorio nazionale alla data del 1 gennaio 2000 oppure da almeno sei mesi alla data di presentazione della domanda, nel rispetto della normativa comunitaria e nazionale vigente in materia.

Attività finanziabili

Le iniziative agevolabili possono riguardare qualsiasi settore (produzione di beni, fornitura di servizi, commercio).

L'investimento complessivo non può superare i 25.823 euro IVA esclusa.

Le agevolazioni

Le agevolazioni previste sono di due tipi:

- agevolazioni finanziarie, per gli investimenti e per il primo anno di gestione;
- servizi di sostegno nella fase di realizzazione e di avvio dell'iniziativa.

Le agevolazioni finanziarie

Le agevolazioni finanziarie concedibili sono:

- per gli investimenti, un contributo a fondo perduto e un finanziamento a tasso agevolato, a copertura del 100% degli investimenti ammissibili;
- per la gestione, un contributo a fondo perduto.

Il finanziamento a tasso agevolato per gli investimenti è pari al

50% del totale delle agevolazioni finanziarie concedibili, e non può superare l'importo di 15.494 euro.

Il tasso di interesse è pari al 30% del tasso di riferimento vigente alla data di stipula del contratto di finanziamento in base alla normativa comunitaria. Il finanziamento a tasso agevolato è restituibile in cinque anni, con rate trimestrali costanti posticipate.

Il contributo a fondo perduto per gli investimenti è pari alla differenza tra gli investimenti (ritenuti ammissibili) e l'importo del finanziamento a tasso agevolato.

Il contributo a fondo perduto per le spese di gestione del primo anno non può superare l'ammontare massimo di 5.164,57 euro.

SEGRETO n. 25: per avviare e finanziare un'attività di lavoro autonomo in forma di ditta individuale, è possibile ottenere dallo Stato un finanziamento di 25.823 euro, una parte a fondo perduto e il resto con mutuo a tasso agevolato, presentando domanda online.

Microimpresa

Il link per avere tutte le informazioni sulle modalità di erogazione è Autoimpiego, Invitalia.

A chi si rivolge

Questa agevolazione è rivolta a persone che intendono avviare un'attività imprenditoriale di piccola dimensione in forma di società di persone. Sono pertanto escluse le ditte individuali, le società di capitali, le cooperative, le società di fatto e le società aventi un unico socio.

Per presentare la domanda, almeno la metà numerica dei soci che detiene perlomeno la metà delle quote, deve essere:

- maggiorenne alla data di presentazione della domanda;
- non occupata alla data di presentazione della domanda;
- residente nel territorio nazionale alla data del 1 gennaio 2000 oppure da almeno sei mesi alla data di presentazione della domanda, nel rispetto della normativa comunitaria e nazionale vigente in materia.

Attività finanziabili

Le iniziative possono riguardare la produzione di beni e la fornitura di servizi (il commercio è escluso). L'investimento complessivo non può superare i 129.114 euro IVA esclusa.

Le agevolazioni

Le agevolazioni previste sono di due tipi:

- agevolazioni finanziarie, per gli investimenti e per il primo anno di gestione;
- servizi di sostegno nella fase di realizzazione e di avvio dell'iniziativa.

Le agevolazioni finanziarie

Le agevolazioni finanziarie concedibili sono:

- per gli investimenti, un contributo a fondo perduto e un finanziamento a tasso agevolato che, complessivamente, possono arrivare a coprire il 100% degli investimenti ammissibili;
- per la gestione, un contributo a fondo perduto sulle spese relative al primo anno di attività.

Le agevolazioni finanziarie sono concesse entro il limite comunitario *de minimis*.

SEGRETO n. 26: per avviare e finanziare un'attività di microimpresa, per la produzione di beni e fornitura di servizi, in forma di società, è possibile ottenere dallo Stato un finanziamento di 129.114 euro, una parte a fondo perduto e il resto con mutuo a tasso agevolato, presentando domanda online.

Franchising

Il link per avere tutte le informazioni sulle modalità di erogazione è il seguente: Autoimpiego, Invitalia (franchising)

A chi si rivolge

Questa agevolazione è rivolta a persone fisiche o società (di persone o di capitali) di nuova costituzione che intendono avviare un'attività imprenditoriale in franchising, da realizzare con **franchisor convenzionati** con l'agenzia.

Per presentare la domanda il titolare della ditta individuale o, nel caso di società, almeno la metà numerica dei soci che detiene perlomeno la metà del capitale sociale o delle quote, deve essere:

- maggiorenne alla data di presentazione della domanda;
- non occupato alla data di presentazione della domanda;
- residente nel territorio nazionale alla data del 1 gennaio 2000 oppure da almeno sei mesi alla data di presentazione della domanda, nel rispetto della normativa comunitaria e nazionale vigente in materia.

Attività finanziabili

Le iniziative agevolabili possono riguardare la commercializzazione di beni e di servizi, mediante la formula dell'affiliazione in franchising.

Le iniziative devono prevedere l'affiliazione con uno dei franchisor convenzionati con Invitalia, l'Agenzia nazionale per l'attrazione d'investimenti e lo sviluppo d'impresa SpA, che ne richiede l'individuazione da parte del potenziale. I *franchisor* convenzionati, con i quali è possibile avviare l'attività d'impresa, possono essere visualizzati collegandosi a questo link.

Le agevolazioni

Le agevolazioni previste sono:

- per gli investimenti, un contributo a fondo perduto e un mutuo a tasso agevolato, che può anche arrivare a coprire il 100% degli investimenti ammissibili;
- per la gestione, un contributo a fondo perduto, anche su base pluriennale, sulle spese ad essa relative.

Il mutuo è restituibile in **7** anni, con rate trimestrali costanti posticipate.

SEGRETO n. 27: per avviare e finanziare un'attività in franchising, è possibile ottenere dallo Stato un finanziamento che copre circa il 100% dell'investimento, una parte a fondo perduto e il resto con mutuo a tasso agevolato, presentando domanda online.

Per tutte le tre forme di agevolazioni (lavoro autonomo, microimpresa, franchising), l'iter di presentazione, valutazione ed erogazione, è lo stesso.

Presentazione della domanda

La domanda può essere presentata direttamente online, dopo essersi registrati nel portale di Invitalia, con successivo invio per posta della documentazione cartacea.

Valutazione della domanda

Circa la valutazione, vi è una verifica formale e una nel merito, che, oltre a valutare il contenuto del progetto d'impresa presentato, prevede anche un colloquio con il/i preponente/i, che verterà su competenze di mercato, aspetti gestionali, aspetti economici e finanziari.

Il procedimento di valutazione sarà concluso entro il termine di sei mesi dalla data di ricevimento della domanda, ovvero della documentazione integrativa richiesta, ai sensi dell'art.5 del D.Lgs. 31 marzo 1998, n.123. Alla valutazione della domanda, fa seguito la Delibera di Non Accoglibilità, di Ammissione o Non Ammissione alle agevolazioni.

Modalità di erogazione

Le agevolazioni vengono erogate sulla base del contratto stipulato tra Invitalia, l'Agenzia nazionale per l'attrazione d'investimenti e lo sviluppo d'impresa SpA e il beneficiario che regolamenta i tempi e le modalità di ottenimento delle stesse. In generale è prevista l'erogazione in due soluzioni, un anticipo e un saldo.

Sempre il Decreto Legislativo n. 185/2000, al Titolo I, si occupa della normativa sulla "autoimprenditorialità", che tratta delle agevolazioni sia per la costituzione di nuove aziende, che per l'ampliamento di aziende già esistenti.

Per tutti i riferimenti normativi, le spiegazioni e le regole per l'inoltro della domanda online, basta collegarsi a questo link.

Costituzione di nuove aziende

Le agevolazioni si rivolgono a nuove società (ivi comprese le cooperative di produzione e lavoro) composte in maggioranza, sia numerica che di capitali, da giovani di età tra i 18 e i 35 anni, residenti nei territori di applicazione della legge alla data del primo gennaio 2000 oppure nei 6 mesi precedenti alla data di ricevimento della domanda.

Anche la sede legale, amministrativa e operativa della società di cui sopra deve essere localizzata in uno dei territori agevolati.

Ampliamento di aziende già esistenti

Le agevolazioni si rivolgono a società (ivi comprese le cooperative di produzione e lavoro) che rispondano ai seguenti requisiti:

- essere economicamente e finanziariamente sane;
- aver avviato la loro attività almeno tre anni prima della data di ricevimento della domanda;
- rispondere ai dettami di età e residenza dei soci e di localizzazione della sede legale, operativa e amministrativa della società alla data di ricevimento della domanda e nei due anni precedenti.

I progetti d'impresa possono riguardare:

- la produzione di beni in agricoltura, industria e artigianato;
- la fornitura di servizi alle imprese (non sono da considerare tali le amministrazioni pubbliche).

Possono essere finanziati i progetti d'impresa che prevedano investimenti fino a 2.582.000 euro.

Finanziamenti per l'investimento

Consistono in contributi a fondo perduto e mutui a tasso agevolato, concessi entro i limiti stabiliti dall'Unione europea. Modulando opportunamente l'ammontare del contributo a fondo perduto e del mutuo agevolato, la copertura finanziaria iniziale può arrivare:

- nel Sud all'80-90% dell'investimento;
- nel Centro-Nord fino al 60-70% dell'investimento.

SEGRETO n. 28: per avviare o ampliare un'attività nei settori della produzione di beni o servizi alle imprese, per la produzione di beni e fornitura di servizi, in forma di società, è possibile ottenere dallo Stato un finanziamento di 2.582.000 euro, una parte a fondo perduto e il resto con mutuo a tasso agevolato, presentando domanda online.

RIEPILOGO DEL GIORNO 6:

- SEGRETO n. 24: in una legge di finanziamento agevolato, bisogna subito individuare quali siano le agevolazioni concesse: in conto interessi o in conto capitale; e, in quest'ultimo caso, se in conto impianti o in conto esercizio.
- SEGRETO n. 25: per avviare e finanziare un'attività di lavoro autonomo in forma di ditta individuale, è possibile ottenere dallo Stato un finanziamento di 25.823 euro, una parte a fondo perduto e il resto con mutuo a tasso agevolato, presentando domanda online.
- SEGRETO n. 26: per avviare e finanziare un'attività di microimpresa, per la produzione di beni e fornitura di servizi, in forma di società, è possibile ottenere dallo Stato un finanziamento di 129.114 euro, una parte a fondo perduto e il resto con mutuo a tasso agevolato, presentando domanda online.
- SEGRETO n. 27: per avviare e finanziare un'attività in franchising, è possibile ottenere dallo Stato un finanziamento che copre circa il 100% dell'investimento, una parte a fondo perduto e il resto con mutuo a tasso agevolato, presentando domanda online.

- SEGRETO n. 28: per avviare o ampliare un'attività nei settori della produzione di beni o servizi alle imprese, per la produzione di beni e fornitura di servizi, in forma di società, è possibile ottenere dallo Stato un finanziamento di 2.582.000 euro, una parte a fondo perduto e il resto con mutuo a tasso agevolato, presentando domanda online.

GIORNO 7:
Come individuare la struttura finanziaria ottimale dell'impresa

Fino a questo punto abbiamo esaminato le principali fonti di finanziamento a cui l'impresa può attingere per finanziare i propri progetti di espansione, per far fronte a momentanee esigenze di cassa, o per avviare la propria attività.

Naturalmente l'*excursus* fatto sulle fonti di finanziamento vuole essere tutt'altro che esaustivo, in quanto ogni impresa ha le sue problematiche, e quindi nella scelta della fonte di finanziamento deve considerare tutte le variabili in gioco, magari con l'aiuto di un esperto consulente aziendale. Importante è inoltre simulare gli effetti che la fonte di finanziamento scelta potrebbe avere sull'economia e la finanza dell'impresa. È anche fondamentale capire se un ulteriore indebitamento sia dannoso o potrebbe invece dare una spinta al fatturato.

Come fare per operare in modo consapevole? In questo capitolo verrà illustrato come tenere sempre sotto controllo l'equilibrio finanziario dell'azienda e come capire se un ulteriore indebitamento possa essere dannoso o meno per la sopravvivenza dell'azienda e per le sue finanze. Molte aziende si sono esposte eccessivamente, con conseguenze nefaste, fino al fallimento.

Come verificare l'equilibrio finanziario dell'impresa

Questo discorso, centrale e vitale per l'azienda, l'ho già accennato nei capitoli precedenti. Ogni imprenditore è tenuto a sapere esattamente come verificare se la propria azienda opera in situazione di equilibrio finanziario, se può ulteriormente indebitarsi, o se si sta avviando a una fase di crisi e declino. Qui spiegherò come verificare la presenza delle condizioni di equilibrio finanziario l'imprenditore potrà farlo da sé, in una prima verifica sommaria per poi farsi coadiuvare da un esperto consulente aziendale.

Espongo qui di seguito la struttura del patrimonio di un'impresa, a prescindere dalla sua dimensione.

ATTIVO (mezzi)	PASSIVO (fonti)
IMMOBILIZZAZIONI (terreni, fabbricati, impianti, macchinari, automezzi, mobili, e altri beni strumentali, al netto dei fondi di ammortamento)	**PATRIMONIO NETTO** (capitale sociale, riserve, utili)
ATTIVO CIRCOLANTE (magazzino, crediti, disponibilità liquide)	**DEBITI A MEDIO-LUNGO TERMINE** (mutui, prestiti obbligazionari)
	DEBITI A BREVE TERMINE (scoperti di conto corrente, d verso fornitori, debiti tributari e previdenziali, rate di mutui da pagare entro 12 mesi, altri debiti entro 12 mesi)

Per ognuna delle categorie esposte nella precedente tabella va calcolato il relativo importo, attingendo dalla contabilità aziendale.

Successivamente possiamo sintetizzare la tabella con i relativi simboli:

ATTIVO (impieghi)	**PASSIVO (fonti)**
IMM	PN
AC	DML
	DB

È bene precisare che la somma tra patrimonio netto (PN) e debiti a media e lunga scadenza (DML), è detto "capitale permanente". Affinché la struttura patrimoniale dell'impresa sia armonica ed equilibrata, devono sussistere le seguenti condizioni:

ATTIVO CIRCOLANTE
maggiore dei
DEBITI A BREVE SCADENZA

IMMOBILIZZAZIONI
minori del
CAPITALE PERMANENTE

Queste sono le due regole d'oro per verificare l'equilibrio di un'impresa, di qualsiasi dimensione essa sia. Ad ogni nuovo indebitamento è bene verificare prima tali relazioni.

SEGRETO n. 29: la prima regola d'oro dell'equilibrio patrimoniale di un'azienda è che l'attivo circolante (cioè magazzino + crediti + disponibilità liquide) deve essere maggiore dei debiti a breve termine (cioè scoperti di c/c, debiti verso fornitori, rate di mutui e altri, con scadenza entro 12 mesi).

SEGRETO n. 30: la seconda regola d'oro dell'equilibrio patrimoniale di un'azienda è che il valore delle immobilizzazioni (cioè beni strumentali) deve essere minore della somma del patrimonio netto (cioè capitale sociale + riserve + utili) e dei debiti a medio-lungo termine (cioè mutui e rate con scadenza oltre i 12 mesi).

Voglio ora spiegare sinteticamente il perché di tali relazioni. Si presume che l'attivo circolante, essendo costituito da magazzino, crediti e disponibilità liquide, possa trasformarsi in liquidità entro breve termine (diciamo in massimo 12 mesi), e che tale liquidità debba essere sufficiente a rimborsare tutti i debiti a breve termine, che a loro volta scadono entro 12 mesi. Ecco perché l'AC deve essere maggiore dei DB.

Inoltre le immobilizzazioni sono investimenti durevoli che impiegheranno anni a ritornare in liquidità, e per questo motivo devono essere finanziate da fonti "permanenti", che cioè dovranno essere rimborsate dopo molti anni, quali appunto i debiti a medio-lungo e il patrimonio netto che è quello versato dall'imprenditore. Per questo motivo le IMM devono essere minori del CP (capitale permanente).

Ecco ora un esempio numerico di quanto detto, con l'ipotesi di due diverse aziende.

AZIENDA "A"

ATTIVO		**PASSIVO**	
IMM	800.000	PN	200.000
AC	200.000	DML	700.000
Totale attivo	1.000.000	DB	100.000
		Totale passivo	1.000.000

Dalla tabella si evince che AC è maggiore di DB e che le IMM sono minori di PN+DML. Quindi l'azienda è in equilibrio.

Diversa è l'ipotesi successiva:

AZIENDA "B"

ATTIVO		**PASSIVO**	
IMM	900.000	PN	100.000
AC	100.000	DML	700.000
Totale attivo	1.000.000	DB	200.000
		Totale passivo	1.000.000

In questo caso l'azienda è in evidente stato di disequilibrio in quanto AC è minore di DB e le IMM sono maggiori di PN+DML.

I prospetti patrimoniali dell'azienda A e B si possono anche raffigurare graficamente:

AZIENDA "A":
struttura patrimoniale ben equilibrata

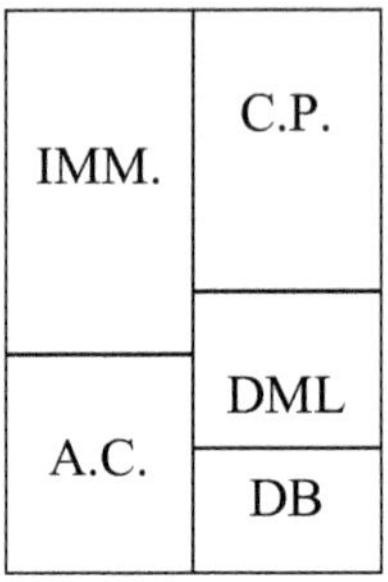

IMM.	C.P.
	DML
A.C.	DB

AZIENDA "B":
struttura patrimoniale in disequilibrio

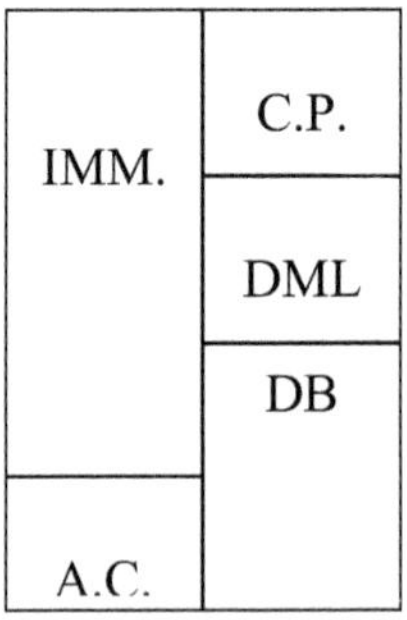

IMM.	C.P.
	DML
	DB
A.C.	

Come determinare gli indicatori dell'equilibrio patrimoniale e finanziario e interpretarli

Per valutare l'equilibrio aziendale si utilizzano degli indicatori appropriati, il cui risultato dà subito l'idea dello stato di salute dell'azienda. Gli indicatori, detti "margini patrimoniali", sono i seguenti, con le rispettive formule:

1) patrimonio circolante netto;
2) margine di struttura;
3) margine di tesoreria.

1) **Patrimonio circolante netto**

Il patrimonio circolante (PCN) netto è dato dalla differenza tra l'attivo circolante e i debiti a breve scadenza:

PCN = attivo circolante - debiti a breve scadenza

PCN = AC – DB

Si possono verificare due situazioni:

- PCN positivo: significa che l'impresa è in grado di far fronte agli impegni finanziari di prossima scadenza;
- PCN negativo: significa che l'impresa si trova in una posizione di liquidità. Se tutti i debiti fossero di prossima

scadenza, l'azienda si troverebbe nell'impossibilità di effettuare i rimborsi dovuti, a meno che non smobilizzi parte delle immobilizzazioni.

Esempio:

attivo circolante (composto dal valore di: magazzino + crediti + disponibilità liquide) = 150.000 euro.

Debiti a breve scadenza (composti da debiti verso fornitori, scoperti di c/c, debiti diversi) = euro 110.000

PCN = AC - DB

PCN = 150.000 – 110.000 = 40.000 (patrimonio circolante netto). La situazione dell'azienda può dirsi equilibrata.

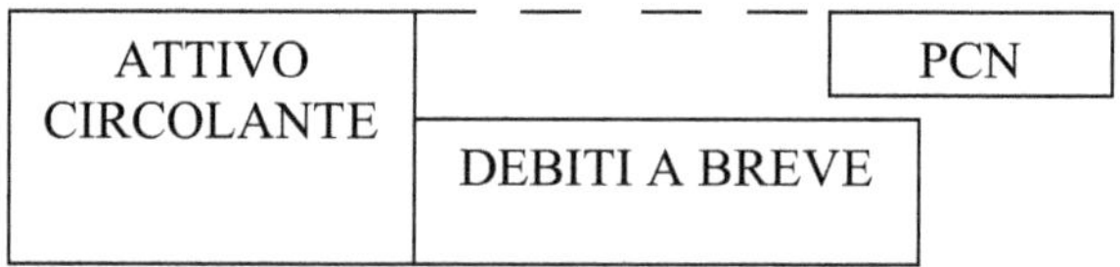

Nella seguente ipotesi invece l'azienda è in situazione di crisi finanziaria:

attivo circolante 150.000 euro, debiti a breve scadenza 180.000 euro

150.000 – 180.000 = -30.000 (PCN)

PCN		DEBITI A BREVE
	ATTIVO CIRCOLANTE	

SEGRETO n. 31: se il patrimonio circolante netto (PCN) è positivo, l'azienda è ben equilibrata; se negativo, l'azienda è in crisi finanziaria.

2) **Margine di struttura**

Il margine di struttura (MS) è un indicatore complementare rispetto al PCN, ed esprime la capacità dell'azienda di far fronte al fabbisogno finanziario derivante dagli investimenti in immobilizzazioni, mediante il ricorso ai mezzi propri + ai debiti a media lunga scadenza.

MS = capitale permanente – immobilizzazioni

MS = (CP + DML) – IMM

Come già detto nei capitoli precedenti, il "capitale permanente" è la somma del capitale proprio versato dall'imprenditore + i debiti a media lunga scadenza (cioè oltre i 12 mesi).

Si possono verificare due situazioni:

- MS positivo: significa che il capitale permanente finanzia anche parte dell'attivo circolante, con una struttura patrimoniale "equilibrata";
- MS negativo: significa che vi è una sostanziale incapacità del capitale permanente a coprire le immobilizzazioni, che saranno finanziate con debiti a breve. Tale situazione è fonte di uno squilibrio finanziario.

Esempio:

capitale proprio = 50.000 euro

debiti a media lunga scadenza = 120.000 euro

immobilizzazioni = 150.000 euro

$$MS = (CP + DML) - IMM$$

MS = (50.000 + 120.000) – 150.000 = 20.000

In questo caso la struttura aziendale è equilibrata.

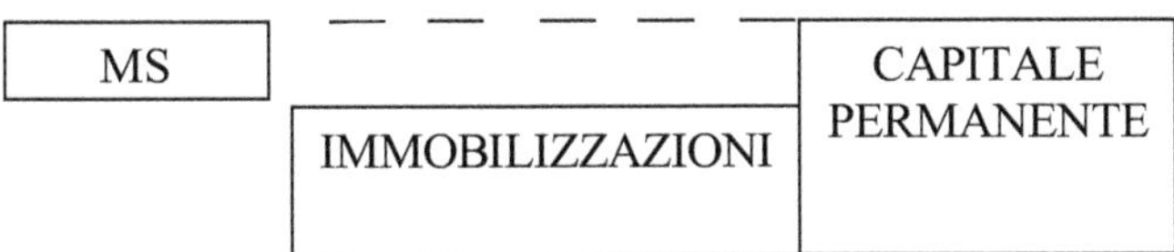

Nell'ipotesi successiva invece si ha uno squilibrio della struttura aziendale:

MS = (CP + DML) - IMM

MS = (50.000 + 120.000) – 200.000 = -30.000

IMMOBILIZZAZIONI

CAPITALE PERMANENTE

MS

È bene evidenziare che il margine di struttura è uno degli indicatori che la banca va immediatamente a controllare, per valutare la solidità di un'azienda. È quindi importante che l'imprenditore, o il suo consulente, verifichi tale indicatore prima di una richiesta di finanziamento.

SEGRETO n. 32: se il margine di struttura (MS) è positivo, l'azienda è ben equilibrata; se negativo, è in crisi finanziaria.

3) **Margine di tesoreria**

Il margine di tesoreria (MT) esprime la capacità dell'azienda di far fronte mediante le risorse liquide o immediatamente liquidabili (ad esempio i crediti con scadenza entro 12 mesi) e alle uscite determinate dai debiti a breve termine.

Margine di tesoreria = (disponibilità liquide + crediti a breve) – debiti a breve scadenza

MT = (DL + CB) – DB

Si possono verificare due situazioni:

- MT positivo: significa che nel caso di un'integrale restituzione dei debiti, l'azienda sarebbe in grado di far fronte con la disponibilità e i crediti esistenti, e quindi la situazione è molto positiva;
- MT negativo: significa che l'importo della liquidità disponibile è inferiore all'importo dei debiti a breve scadenza: l'azienda si trova in una situazione di illiquidità.

C'è da sottolineare, d'altra parte, che questo indicatore è parecchio severo, in quanto è abbastanza raro che le aziende abbiano una situazione in cui la liquidità sia superiore ai debiti a breve.

Esempio:
disponibilità liquide = euro 30.000
crediti a breve = euro 80.000
debiti a breve = euro 100.000

$$MT = (DL + CB) - DB$$

$$MT = (30.000 + 80.000) - 100.000 = 10.000 \text{ (situazione equilibrata)}$$

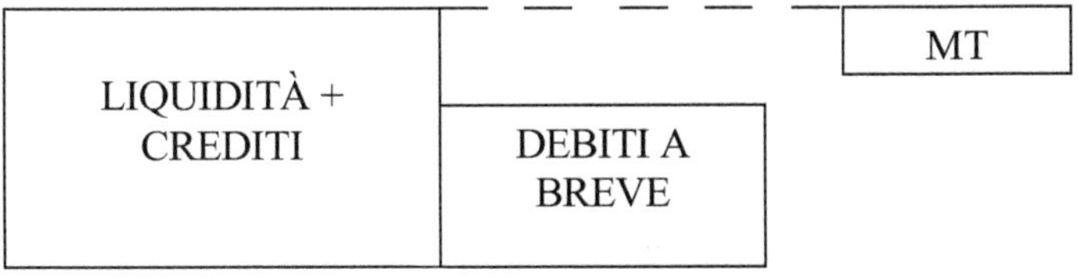

Invece nella seguente ipotesi, si ha una situazione di illiquidità per l'azienda:
disponibilità liquide = euro 10.000
crediti a breve = euro 50.000
debiti a breve = euro 100.000

$$MT = (DL + CB) - DB$$

MT = (10.000 + 50.000) – 100.000 = - 40.000 (Situazione di illiquidità).

MT		DEBITI A BREVE
	LIQUIDITÀ + CREDITI	

SEGRETO n. 33: se il margine di tesoreria (MT) è positivo, l'azienda è ben equilibrata; se negativo, l'azienda è in situazione di illiquidità.

Riepiloghiamo le tre formule appena viste:

PCN = AC – DB

MS = (CP + DML) - IMM

MT = (DL + CB) – DB

I loro risultati devono essere tutti positivi per giudicare equilibrata una situazione aziendale. La situazione può ugualmente giudicarsi positiva anche se il solo margine di tesoreria (MT) è negativo.

Questi indicatori possono essere calcolati autonomamente dall'imprenditore, per avere una prima approssimazione sullo stato di salute della sua azienda.

Come sapere se l'impresa può ulteriormente indebitarsi.

Fino a che punto può indebitarsi un'azienda? È la domanda che ogni imprenditore si pone, anche se spesso rimane senza risposta e l'indebitamento diventa un peso eccessivo, e così anche gli interessi da pagare.

Spesso le aziende si trovano in una situazione di crisi profonda di liquidità, senza sapere nemmeno come sia accaduto. Anzi il motivo è chiaro: ci si è indebitati oltre il possibile.

Ma qual è il limite dell'indebitamento?

In economia aziendale si utilizza mettere a confronto due importanti indicatori di bilancio. Dal loro confronto è possibile sapere, in prima approssimazione, qual è il limite dell'indebitamento per un'azienda.

Ma procediamo con ordine. Gli indicatori di bilancio da confrontare sono i seguenti:

R.O.I. (Return On Investment)

R.O.D. (Return On Debt)

Il ROI esprime la percentuale di rendimento del capitale investito nell'azienda; il ROD esprime la percentuale media degli interessi pagati sui capitali presi a prestito.

Vediamo come calcolare i due indicatori. Innanzitutto bisogna procurarsi i prospetti di bilancio dell'azienda, lo stato patrimoniale e il conto economico. Di seguito si espongono i due prospetti sintetici di un'ipotetica azienda, con ipotetici valori.

STATO PATRIMONIALE

ATTIVO		PASSIVO	
immobilizzazioni	€ 200.000,00	capitale proprio	€ 100.000,00
magazzino	€ 80.000,00	debiti a media lunga scadenza	€ 130.000,00
crediti	€ 50.000,00	debiti a breve scadenza	€ 120.000,00
disponibilità liquide	€ 20.000,00	Totale passivo	€ 350.000,00
Totale attivo	€ 350.000,00		

CONTO ECONOMICO

A)	Valore della produzione	€ 800.000,00
B)	Costi della produzione (costi per materie e merci, servizi, *leasing* e fitti, personale, ammortamenti, variazioni delle rimanenze di materie prime e merci, accantonamenti per rischi, oneri diversi di gestione)	€ 750.000,00
	Reddito operativo A) - B)	€ 50.000,00

Le formule per il calcolo degli indicatori sono le seguenti:

ROI = reddito operativo/capitale investito; dove per "capitale investito" si intende il "totale attivo". Il risultato è:

ROI = 50.000/350.000 = 0,14 che trasformato in percentuale diventa 14%.

ROD = oneri finanziari/capitale di terzi; dove per "oneri finanziari" si intende gli interessi passivi pagati dall'azienda alle banche, fornitori ecc., e per "capitale di terzi" si intende il capitale finanziato da terzi, ovvero la somma tra debiti a medio-lungo e debiti a breve.

Ipotizzando "Oneri finanziari" per euro 25.000,00 si avrà:

ROD = 25.000/(130.000+120.000) = 0,10 che trasformato in

percentuale diventa 10%. Quindi i risultati sono: ROI = 14% e ROD = 10%

Fin quando il ROI è maggiore del ROD, l'azienda può ulteriormente indebitarsi in quanto tale indebitamento provoca un aumento della redditività aziendale, cioè non è dannoso.

Quando il ROI è inferiore al ROD, indebitarsi comincia ad essere rischioso, con effetti negativi sulla redditività dell'azienda.

Infatti esprimendo il ROI la redditività del capitale investito in azienda, e il ROD il tasso medio pagato sui prestiti, nel nostro esempio numerico l'azienda prende prestiti al costo medio del 10% e investe in azienda ottenendo un ritorno del 14%, il che è positivo.

Al contrario, indebitarsi a un costo medio del 10% e investire in azienda con un ROI, ad esempio, del 5% è economicamente negativo.

SEGRETO n. 34: fino a quando il rendimento del capitale investito in azienda (ROI) è maggiore del costo medio dell'indebitamento (ROD), indebitarsi ha un effetto positivo sulla redditività dell'impresa.

Attenzione! È vero che l'imprenditore può autonomamente calcolare gli indicatori ROI e ROD e confrontarli per sapere se l'indebitamento è economicamente conveniente o meno, ma tutto questo va fatto consultando anche un esperto consulente aziendale o un dottore commercialista, in quanto il tutto va confrontato anche con la situazione generale dell'azienda e la sua reale situazione finanziaria, economica e patrimoniale.

Come organizzare la funzione finanza

L'impresa, per essere competitiva, deve affrontare un cambiamento organizzativo e di mentalità. Occorre gradualmente riconvertire l'addetto alla contabilità a responsabile finanziario, o quantomeno affiancare all'addetto contabile un responsabile per la finanza d'impresa. Il ruolo della finanza d'impresa assumerà un peso sempre maggiore, tanto da arrivare a incidere in modo decisivo sul futuro dell'impresa.

Molte piccole imprese, da questo punto di vista, sono sprovviste, e ciò le rende deboli e con scarso potere contrattuale con le banche.

Presupposti per un ufficio finanziario sono:

- competenze adeguate;
- un buon sistema informativo hardware e software.

I compiti del responsabile della finanza aziendale possono così riassumersi:

- monitoraggio continuo degli indicatori (PCN, MS, MT, ROI, ROD, altri indici di bilancio);
- ricerca delle più opportune fonti di finanziamento, in caso di esigenze finanziarie dell'azienda;
- elaborazione e approntamento della documentazione richiesta dalle banche;
- continuo monitoraggio del costo degli interessi passivi pagati sui finanziamenti.

RIEPILOGO DEL GIORNO 7:

- SEGRETO n. 29: la prima regola d'oro dell'equilibrio patrimoniale di un'azienda è che l'attivo circolante (cioè magazzino + crediti + disponibilità liquide) deve essere maggiore dei debiti a breve termine (cioè scoperti di c/c, debiti verso fornitori, rate di mutui e altri, con scadenza entro 12 mesi).
- SEGRETO n. 30: la seconda regola d'oro dell'equilibrio patrimoniale di un'azienda è che il valore delle immobilizzazioni (cioè beni strumentali) deve essere minore della somma del patrimonio netto (cioè capitale sociale + riserve + utili) e dei debiti a medio-lungo termine (cioè mutui e rate con scadenza oltre i 12 mesi).
- SEGRETO n. 31: se il patrimonio circolante netto (PCN) è positivo, l'azienda è ben equilibrata; se negativo, l'azienda è in crisi finanziaria.
- SEGRETO n. 32: se il margine di struttura (MS) è positivo, l'azienda è ben equilibrata; se negativo, è in crisi finanziaria.
- SEGRETO n. 33: se il margine di tesoreria (MT) è positivo, l'azienda è ben equilibrata; se negativo, l'azienda è in situazione di illiquidità.

- SEGRETO n. 34: fino a quando il rendimento del capitale investito in azienda (ROI) è maggiore del costo medio dell'indebitamento (ROD), indebitarsi ha un effetto positivo sulla redditività dell'impresa.

Conclusioni

A questo punto, dopo la lettura di questo ebook, avrai senz'altro le idee molto più chiare su come finanziare l'azienda, su quali siano le principali caratteristiche delle diverse fonti e sulle modalità della loro scelta.

Sicuramente ora sai anche valutare l'equilibrio finanziario e patrimoniale dell'azienda e interpretarne i relativi indicatori. In tutto questo, il software abbinato all'ebook ti è stato senz'altro d'aiuto e lo sarà anche nella pratica operativa.

Il mio obiettivo era quello di rendere consapevoli gli imprenditori di uno dei principali aspetti della gestione dell'impresa; ma questo non esime chi ha responsabilità in azienda dal farsi affiancare da un esperto commercialista o consulente aziendale.

Lo scopo di questo ebook è quello di aumentare la cultura d'impresa che ogni imprenditore deve avere. La cultura d'impresa bisogna continuamente alimentarla, ovviamente, aggiornarla e metterla alla prova ed evitare di avere la presunzione di dire "io so già tutto". L'intuito degli imprenditori è un dono naturale, ma oggi il solo intuito è insufficiente. Bisogna avere conoscenze scientifiche in materia di direzione d'azienda, aggiornarsi, leggere, avere l'umiltà di consultare consulenti e commercialisti, perché oggi la vita dell'impresa è molto più complessa e difficile di alcuni decenni fa.

Per ottenere benefici diretti e reali dalla lettura di questo ebook, è necessario che ci si metta impegno e determinazione, e che si seguano le strategie spiegate. Fondamentale è il continuo monitoraggio e controllo dello stato di salute dell'azienda, anche con l'utilizzo del software abbinato, e con la giusta determinazione i risultati non tarderanno ad arrivare.

Spero che il mio sia stato un contributo valido e utile per il raggiungimento degli obiettivi prefissati.

L'autore
Nicola Napolitano

Istruzioni per l'utilizzo del software abbinato all'ebook

Assieme al presente ebook ho voluto realizzare un software operativo utile per verificare, numericamente, quanto affermato nei diversi capitoli.

Il software può essere utilizzato per:

1) il calcolo del fabbisogno finanziario iniziale;
2) il calcolo degli indicatori dell'equilibrio finanziario;
3) il calcolo del tasso effettivo del conto corrente bancario;
4) il calcolo della rata di un mutuo.

Il software è realizzato su fogli Excel. Ricordo che nel caso in cui si dovessero riscontrare problemi con le macro, sarà necessario ridurre la protezione attivandole tutte. Seguono le istruzioni per l'utilizzo.

Funzione 1: calcolo del fabbisogno finanziario iniziale

In riferimento al capitolo 1 dell'ebook. Questo foglio di calcolo serve per determinare il fabbisogno finanziario iniziale di una azienda. È sufficiente inserire gli importi negli spazi in bianco. I dati che visualizzate sono un esempio, e basta premere il bottone "azzera valori" per cancellarli.

Funzione 2: calcolo degli indicatori dell'equilibrio finanziario

In riferimento ai capitoli 2 e 7 dell'ebook. Questo foglio di calcolo determina gli indicatori patrimoniali per verificare l'equilibrio della struttura finanziaria e patrimoniale dell'azienda. Inserire gli importi nelle celle bianche. Basta passare il mouse sulle celle di *input* (con angolo in rosso) per visualizzare il commento alla cella. I dati inseriti sono di esempio. Premere il bottone "azzera valori" per cancellare il contenuto.

Funzione 3: calcolo del tasso effettivo del conto corrente bancario

Questa funzione di calcolo va utilizzata per verificare il costo effettivo di un conto corrente bancario affidato. Infatti il tasso di interesse applicato dalla banca è quello nominale, al quale però vanno aggiunte tutte le spese, gli oneri e le commissioni, sia di fine trimestre che quelle addebitate dalla banca nell'estratto conto.

L'inserimento dei dati è semplice, sempre nelle caselle bianche; i dati vanno prelevati direttamente dall'estratto conto che la banca invia a fine trimestre.

Funzione 4: calcolo della rata del mutuo

Questa funzione è utile per verificare di quanto sarà la rata di un mutuo, inserendo importo, tasso e durata, specialmente in fase progettuale. È possibile inoltre, indicando il numero della rata, scindere la rata stessa in quota capitale e quota interessi.

Buon lavoro!

www.ingramcontent.com/pod-product-compliance
Ingram Content Group UK Ltd.
Pitfield, Milton Keynes, MK11 3LW, UK
UKHW022021190726
13853UKWH00005B/2044

9 788861 742529